DER PRAKTISCHE DEUTSCHE

∞∞

Second Edition
Revised

∞∞

U. Jos. Beiley

HERITAGE BOOKS
2014

HERITAGE BOOKS
AN IMPRINT OF HERITAGE BOOKS, INC.

Books, CDs, and more—Worldwide

For our listing of thousands of titles see our website
at
www.HeritageBooks.com

A Facsimile Reprint
Published 2014 by
HERITAGE BOOKS, INC.
Publishing Division
5810 Ruatan Street
Berwyn Heights, Md. 20740

Copyright © 1898 William R. Jenkins

Originally published
New York:
William R. Jenkins
Publisher and Importer of Foreign Books
851 & 853 Sixth Avenue
*****
Boston: Carl Schoenhof, 1898

— Publisher's Notice —

In reprints such as this, it is often not possible to remove blemishes from the original. We feel the contents of this book warrant its reissue despite these blemishes and hope you will agree and read it with pleasure.

Pages 242 and 243 where cut off in the copying process and were not retrievable

International Standard Book Numbers
Paperbound: 978-0-7884-5283-3
Clothbound: 978-0-7884-8666-1

PREFACE.

Many, perhaps most, Americans who take up the study of German do so to qualify themselves to understand it and sustain conversation in it on a variety of familiar subjects. Large numbers of text-books have been written to supply the material needed for this purpose, but few of them have been able to vindicate their practicability when put to the test in the class-room, and there is probably not one, at least as the writer is aware of, that has become as popular in this field as Paul Bercy's LE FRANÇAIS PRATIQUE among the teachers and students of French. The excellent results reached by those who have used it in their classes have created a demand for a German text-book constructed on the same plan. This the present work is designed to supply.

DER PRAKTISCHE DEUTSCHE is by no means a mere translation of Paul Bercy's book. The original plan has been preserved, but the exercises reconstructed and fitted to the particular needs of the students of German. The aim has been to provide the material necessary to enable the learner to *converse with Germans* in their language, and to arrange it in such an order that the study will be pleasurable as well as profitable. The book does not claim to contain a complete grammatical treatise, nor is it intended for self-instruction. Whoever learned to speak a foreign language without a teacher? We have confined ourselves to the most necessary rules of grammar and such other points as will prepare the student for probable ulterior studies of a higher character.

It would be superfluous to dwell on the advantages of the plan borrowed from Paul Bercy, as that has received the unanimous commendation of some of the most eminent teachers, and has been declared by them to be, beyond question, the most rational one to be used in classes commencing the study of any language. A brief outline of what we believe to be the particular merits of the present book, however, may not be out of place.

1. DER PRAKTISCHE DEUTSCHE contains a greater variety of practical terms and phraseology used in German conversation than any other book of the same size.

2. The new orthography has been generally employed, following in this the best modern authorities.

3. The exercises are printed in a type already familiar to the beginner. This has been done for various reasons:

Firstly, the book is intended mainly as a guide for the teaching of the spoken language, and German script and print are certainly not required for this purpose. Thus one difficulty is overcome; besides, the student can familiarize himself with the German type, if he should choose to do it, with very little difficulty. All that is necessary is a knowledge of the alphabet and practice, which is easily provided by German books and newspapers. The first exercises of this book have been printed in both the English and the so-called German type.

There is another reason that judicious teachers will appreciate, and that is: the English is much clearer, and consequently much better for the eyes than the German type.

Lastly, it is a well-known fact that many of the best known German books are printed in the type which we have adopted, and in some schools, particularly in Switzerland, all prescribed text-books are required to be printed in the same type.

U. J. B.

Deutsche Schreibschrift.

a	𝒜	n	𝒩
b	ℬ	o	𝒪
c	𝒞	p	𝒫
d	𝒟	q	𝒬
e	ℰ	r	ℛ
f	ℱ	s ſ	𝒮
g	𝒢	t	𝒯
h	ℋ	u	𝒰
i	ℐ	v	𝒱
j	𝒥	w	𝒲
k	𝒦	x	𝒳
l	ℒ	y	𝒴
m	ℳ	z	𝒵

Das deutsche Alphabet.

Englische Buchstaben:		Deutsche Buchstaben:	
a	A	a	𝔄
b	B	b	𝔅
c	C	c	ℭ
d	D	d	𝔇
e	E	e	𝔈
f	F	f	𝔉
g	G	g	𝔊
h	H	h	ℌ
i	I	i	ℑ
j	J	j	𝔍
k	K	k	𝔎
l	L	l	𝔏
m	M	m	𝔐
n	N	n	𝔑
o	O	o	𝔒
p	P	p	𝔓
q	Q	q	𝔔
r	R	r	ℜ
s	S	ſ s	𝔖
t	T	t	𝔗
u	U	u	𝔘
v	V	v	𝔙
w	W	w	𝔚
x	X	x	𝔛
y	Y	y	𝔜
z	Z	z	ℨ

Im Deutschen gibt es sechs (6) Vokale : a, e, i, o, u, (y).

Es gibt zwanzig (20) Konsonanten : b, c, d, f, g, h, j, k, l, m, n, p, q, r, s, t, v, w, x, z.

Die Doppelvokale sind : au, ei, ai, eu.

Die Umlaute sind : ä, ö, ü, äu.

Zusammengesetzte Konsonanten sind : ph, ck, sch, st, ss, tz, th, ch, sp.

Die Zeichen der Interpunktion sind : das Komma (,), der Strichpunkt (;), der Doppelpunkt (:), der Punkt (.), das Fragezeichen (?), das Ausrufungszeichen (!), die Anführungszeichen („ "), der Gedankenstrich (—), die Klammer ( ).

Erste Lektion.

Die zwölf Monate des Jahres.
(The twelve months of the year.)

Januar, Februar, März, April, Mai, Juni, Juli, August, September, Oktober, November, Dezember.

Die vier Jahreszeiten.
(The four seasons.)

Der Frühling (the spring), der Sommer (the summer), der Herbst (the autumn), der Winter (the winter).

Die sieben Tage der Woche.
(The seven days of the week.)

Sonntag, Montag, Dienstag, Mittwoch, Donnerstag, Freitag, Sonnabend (Samstag).

Der erste	the first;	der zweite	the second;
Der dritte	the third;	der vierte	the fourth;
geht ... voran	precedes;	bestehen	to consist.
folgt ... auf	succeeds.		
sein	to be,	nicht	not.
ich bin	I am,	bin ich?	am I?
du bist	thou art,	bist du?	art thou?
er (sie, es) ist	he (she, it) is,	ist er (sie, es)?	is he (she, it)?
wir sind	we are,	sind wir?	are we?
ihr seid	you are,	seid ihr?	are you?
sie sind	they are.	sind sie?	are they?
(Sie sind	you are)	(sind Sie?	are you?)

Ich bin nicht	I am not.
Bin ich nicht?	Am I not?

ERSTE LEKTION.

DIE ZWÖLF MONATE DES JAHRES.
(*The twelve months of the year.*)

Januar, Februar, März, April, Mai, Juni, Juli, August, September, Oktober, November, Dezember.

DIE VIER JAHRESZEITEN.
(*The four seasons.*)

Der Frühling (*the spring*), der Sommer (*the summer*), der Herbst (*the autumn*), der Winter (*the winter*).

DIE SIEBEN TAGE DER WOCHE.
(*The seven days of the week.*)

Sonntag, Montag, Dienstag, Mittwoch, Donnerstag, Freitag, Sonnabend (Samstag).

Der erste,	*the first;*	der zweite,	*the second;*
der dritte,	*the third;*	der vierte,	*the fourth;*
geht... voran,	*precedes;*	bestehen,	*to consist.*
folgt... auf,	*succeeds.*	nicht,	*not.*

Sein, *to be.*

ich bin	*I am,*	bin ich?	*am I?*
du bist	*thou art,*	bist du?	*art thou?*
er (sie, es) ist	*he (she, it) is,*	ist er (sie, es)?	*is he (she, it)?*
wir sind	*we are,*	sind wir?	*are we?*
ihr seid	*you are,*	seid ihr?	*are you?*
sie sind	*they are.*	sind sie?	*are they?*
(Sie sind	*you are.*)	(sind Sie?	*are you?*)

Ich bin nicht   *I am not.*
Bin ich nicht?   *Am I not?*

Der praktische Deutsche.

Leseübung.

Die zwölf Monate des Jahres sind: Januar, Februar, März, April, Mai, Juni, Juli, August, September, Oktober November und Dezember.

Der Januar ist der erste Monat.
Der Februar ist der zweite Monat.
Der März ist der dritte Monat.
Der April ist der vierte Monat.
Der Mai ist der fünfte Monat.
Der Juni ist der sechste Monat.
Der Juli ist der siebente Monat.
Der August ist der achte Monat.
Der September ist der neunte Monat.
Der Oktober ist der zehnte Monat.
Der November ist der elfte Monat.
Der Dezember ist der zwölfte und letzte Monat.

Die vier Jahreszeiten sind (heißen, are called):

Der Frühling, der Sommer, der Herbst und der Winter.

Der Frühling ist die erste Jahreszeit; er geht dem Sommer voran (precedes). Der Sommer folgt auf den Frühling; er geht dem Herbste voran. Der Herbst folgt auf den Sommer; er geht dem Winter voran. Der Winter folgt auf den Herbst; er ist zwischen (between) dem Herbst und dem Frühling.

Jede (each) Jahreszeit hat drei Monate: März, April und Mai sind im Frühlinge; März, April und Mai sind Frühlingsmonate. Juni, Juli und August sind im Sommer; es sind Sommermonate. September, Oktober und November sind im Herbste; es sind Herbstmonate. Dezember, Januar und Februar sind im Winter; es sind Wintermonate.

Leseübung.

Die zwölf Monate des Jahres sind: Januar, Februar, März, April, Mai, Juni, Juli, August, September, Oktober, November und Dezember.

Der Januar ist der erste Monat.
Der Februar ist der zweite Monat.
Der März ist der dritte Monat.
Der April ist der vierte Monat.
Der Mai ist der fünfte Monat.
Der Juni ist der sechste Monat.
Der Juli ist der siebente Monat.
Der August ist der achte Monat.
Der September ist der neunte Monat.
Der Oktober ist der zehnte Monat.
Der November ist der elfte Monat.
Der Dezember ist der zwölfte und letzte Monat.

Die vier Jahreszeiten sind (heissen, *are called*):
Der Frühling, der Sommer, der Herbst und der Winter.

Der Frühling ist die erste Jahreszeit; er geht dem Sommer voran (*precedes*). Der Sommer folgt auf den Frühling; er geht dem Herbste voran. Der Herbst folgt auf den Sommer, er geht dem Winter voran. Der Winter folgt auf den Herbst; er ist zwischen (*between*) dem Sommer und dem Frühling.

Jede (*each*) Jahreszeit hat drei Monate : März, April und Mai sind im Frühlinge; März, April und Mai sind Frühlingsmonate. Juni, Juli und August sind im Sommer, es sind Sommermonate. September, Oktober und November sind im Herbste; es sind Herbstmonate. Dezember, Januar und Februar sind im Winter; es sind Wintermonate.

Die Monate bestehen aus Tagen. April, Juni, September und November haben dreißig (30) Tage. Januar, März, Mai, Juli, August, Oktober und Dezember haben ein und dreißig (31) Tage. Der Februar hat acht und zwanzig (28) oder neun und zwanzig (29)* Tage.

Eine Woche (a week) hat sieben Tage.

Die Tage heißen: Sonntag, Montag, Dienstag, Mittwoch, Donnerstag, Freitag und Sonnabend oder Samstag.

Der Sonntag ist zwischen Sonnabend und Montag. Der Montag ist zwischen Sonntag und Dienstag. Der Dienstag ist zwischen Montag und Mittwoch. Der Mittwoch ist zwischen Dienstag und Donnerstag. Der Donnerstag ist zwischen Mittwoch und Freitag. Der Freitag ist zwischen Donnerstag und Sonnabend. Der Sonnabend ist zwischen Freitag und Sonntag.

Eins (1), zwei (2), drei (3), vier (4), fünf (5), sechs (6), sieben (7), acht (8), neun (9), zehn (10), elf (11), zwölf (12).

Fragen und Antworten.

Welches ist der erste Monat? Antw.: Der Januar ist....

Welches ist der zweite Monat des Jahres? Welches ist der dritte? Der vierte? u. s. w. (und so weiter, and so forth).

Welches ist der letzte Monat des Jahres? Antw.: Der Dezember ist....

Wie heißen die zwölf Monate? Antw.: Die zwölf Monate heißen: Januar....

Welches ist die erste Jahreszeit? Antw.: Der Frühling ist....

(*) 29 Tage im Schaltjahre.

Die Monate bestehen aus Tagen. April, Juni, September und November haben dreissig (30) Tage. Januar, März, Mai, Juli, August, Oktober und Dezember haben ein und dreissig (31) Tage. Der Februar hat acht und zwanzig (28) oder neun und zwanzig (29)* Tage.

Eine Woche (*a week*) hat sieben Tage.

Die Tage heissen : Sonntag, Montag, Dienstag, Mittwoch, Donnerstag, Freitag und Sonnabend oder Samstag.

Der Sonntag ist zwischen Sonnabend und Montag. Der Montag ist zwischen Sonntag und Dienstag. Der Dienstag ist zwischen Montag und Mittwoch. Der Mittwoch ist zwischen Dienstag und Donnerstag. Der Donnerstag ist zwischen Mittwoch und Freitag. Der Freitag ist zwischen Donnerstag und Sonnabend. Der Sonnabend ist zwischen Freitag und Sonntag.

Eins (1), zwei (2), drei (3), vier (4), fünf (5), sechs (6), sieben (7), acht (8), neun (9), zehn (10), elf (11), zwölf (12).

Fragen und Antworten.

Welches ist der erste Monat des Jahres? — *Antw.* Der Januar ist...

Welches ist der zweite Monat des Jahres? Welches ist der dritte? Der vierte? u. s. w. (und so weiter, *and so forth*).

Welches ist der letzte Monat des Jahres? — *Antw.* Der Dezember ist...

Wie heissen die zwölf Monate? — Die zwölf Monate heissen : Januar...

Welches ist die erste Jahreszeit? — *Antw.* Der Frühling ist...

(*) 29 Tage im Schaltjahre.

Welche Jahreszeit folgt auf den Frühling? Antw.: Der Sommer folgt....

Welche Jahreszeit folgt auf den Sommer?

Welche Jahreszeit folgt auf den Herbst?

Welche Jahreszeit folgt auf den Winter?

Welches ist der erste Buchstabe des Alphabetes?

Welches ist der zweite? Der dritte? Was kommt nach D? Was kommt nach L? Welches ist der letzte Buchstabe?

Der Lehrer: Ich bin kein Amerikaner, ich bin ein Deutscher.

Sind Sie ein Amerikaner oder ein Deutscher?

(Sind Sie eine Amerikanerin oder eine Deutsche?)

Ich bin ein Amerikaner, ich bin kein Deutscher.

Sind Sie eine Deutsche, Frau B.? Antw.: Nein, ich bin keine Deutsche.

Sind Sie eine Amerikanerin, Madame C.? Antw.: Ja, ich bin eine Amerikanerin.

Sind Sie ein Amerikaner, Herr A.? Ja, ich bin ein Amerikaner.

Ist Fräulein N. eine Deutsche oder eine Amerikanerin? Sie ist keine Deutsche, sie ist eine Amerikanerin.

Zählen Sie gefälligst (if you please) von 1 bis zwölf.

Grammatik.

Der bestimmte Artikel:

Einzahl (Singular).

	Männlich:	Weiblich:	Sächlich:	
N.	der	die	das	the
G.	des	der	des	of the
D.	dem	der	dem	to the
A.	den	die	das	the

Welche Jahreszeit folgt auf den Frühling? — *Antw.* Der Sommer folgt...
Welche Jahreszeit folgt auf den Sommer?
Welche Jahreszeit folgt auf den Herbst?
Welche Jahreszeit folgt auf den Winter?
Welches ist der erste Buchstabe des deutschen Alphabetes? Welches ist der zweite? Der dritte? Was kommt nach D? Was kommt nach L? Welches ist der letzte Buchstabe?

LEHRER. — Ich bin kein Amerikaner, ich bin ein Deutscher.

Sind Sie ein Amerikaner, oder ein Deutscher?
(Sind Sie eine Amerikanerin, oder eine Deutsche?)
Ich bin ein Amerikaner, ich bin kein Deutscher.
Sind Sie eine Deutsche, Frau B.? — *Antw.* Nein, ich bin keine (*no*) Deutsche.
Sind Sie eine Amerikanerin, Madame C.? — *Antw.* Ja, ich bin eine Amerikanerin.
Sind Sie ein Amerikaner, Herr A.? — Ja, ich bin ein Amerikaner.
Ist Fräulein N. eine Deutsche, oder eine Amerikanerin? — Sie ist keine Deutsche, sie ist eine Amerikanerin.
Zählen Sie gefälligst (*if you please*) von 1 bis 12.

Grammatik.

DER BESTIMMTE ARTIKEL :

Einzahl (*Singular*).

	Männlich.	Weiblich.	Sächlich.	
N.	der	die	das	*the*
G.	des	der	des	*of the*
D.	dem	der	dem	*to the*
A.	den	die	das	*the*

Mehrzahl (Plural).

Männlich, weiblich, sächlich:

N.	die
G.	der
D.	den
A.	die

Der unbestimmte Artikel:

	Männlich:	Weiblich:	Sächlich:
N.	ein	eine	ein
G.	eines	einer	eines
D.	einem	einer	einem
A.	einen	eine	ein

Anmerkung (Note). — Der Artikel zeigt das Geschlecht des Hauptwortes (noun) an. Alle Hauptwörter werden im Deutschen mit einem großen Anfangsbuchstaben geschrieben.

Die Namen der Tage, der Monate und der Jahreszeiten sind männlich, z. B., der Sommer, der Sonntag, der Juli.

Erste Aufgabe. — Schreibt die Fragen und bildet die entsprechenden Antworten:

Welches ist der erste Monat des Jahres? Welches sind die Tage der Woche? Welches ist die erste Jahreszeit? Wie heißen die vier Jahreszeiten? Wie viele Tage hat der März? Wie viele Tage hat der Juni? Wie heißen die zwölf Monate? Welche Monate sind im Winter? Welche Monate sind im Sommer? Welcher Monat kommt nach dem März? Welcher Monat ist zwischen dem März und dem Mai? Schreibt mit Buchstaben: 1, 2, 3, 4, 5, 6, 7, 8, 9, 10.

Mehrzahl (*Plural*).

	Männlich. Weiblich. Sächlich.
N.	die
G.	der
D.	den
A.	die

DER UNBESTIMMTE ARTIKEL :

	Männlich.	Weiblich.	Sächlich.
N.	ein	eine	ein
G.	eines	einer	eines
D.	einem	einer	einem
A.	einen	eine	ein

ANMERKUNG (*Note*): — Der Artikel zeigt das Geschlecht des Hauptwortes (*noun*) an. Alle Hauptwörter werden im Deutschen mit einem grossen Anfangsbuchstaben geschrieben.

Die Namen der Tage, der Monate und der Jahreszeiten sind männlich, z. B., der Sommer, der Sonntag, der Juli.

ERSTE AUFGABE. — Schreibt die Fragen und bildet die entsprechenden Antworten:

Welches ist der erste Monat des Jahres? Welches sind die Tage der Woche? Welches ist die erste Jahreszeit? Wie heissen die vier Jahreszeiten? Wie viele Tage hat der März? Wie viele Tage hat der Juni? Wie heissen die zwölf Monate? Welche Monate sind im Winter? Welche Monate sind im Sommer? Welcher Monat kommt nach dem März? Welcher Monat ist zwischen dem März und dem Mai? Schreibt mit Buchstaben: 1, 2, 3, 4, 5, 6, 7, 8, 9, 10.

Zweite Lektion.

Der menschliche Körper.
(The human body).

Der Kopf,	the head.	der Ellbogen,	the elbow.
der Hals,	the neck.	eine Hand,	a hand.
der Leib,	the trunk.	der Finger,	the finger.
die Brust,	the chest.	der Nagel,	the nail.
der Rücken,	the back.	das Bein,	the leg.
eine Schulter,	a shoulder.	das Knie,	the knee.
der Arm,	the arm.	der Fuß,	the foot.

Haben, to have.

ich habe	habe ich?	ich habe nicht
du hast	hast du?	du hast nicht
er (sie, es) hat	hat er (sie, es)?	er (sie, es) hat nicht
wir haben	haben wir?	wir haben nicht
ihr habt	habt ihr?	ihr habt nicht
sie haben	haben sie?	sie haben nicht
(Sie haben, you have)	(haben Sie? have you)?	(Sie haben nicht).

Loben, to praise.

ich lobe	lobe ich?
du lobst	lobst du?
er lobt	lobt er?
wir loben	loben wir?
ihr lobt	lobt ihr?
sie loben	loben sie?
(Sie loben).	loben Sie?

Lieben, to love.

ich liebe
du liebst
er liebt
wir lieben
ihr liebt
sie lieben
(Sie lieben).

ZWEITE LEKTION.

Der menschliche Körper.
(*The human body.*)

Der Kopf,	*the head.*	der Ellbogen,	*the elbow.*
der Hals,	*the neck.*	eine Hand,	*a hand.*
der Leib,	*the trunk.*	der Finger,	*the finger.*
die Brust,	*the chest.*	der Nagel,	*the nail.*
der Rücken,	*the back.*	das Bein,	*the leg.*
eine Schulter,	*a shoulder.*	das Knie,	*the knee.*
der Arm,	*the arm.*	der Fuss,	*the foot.*

Haben *to have.*

ich habe	habe ich?	ich habe nicht.
du hast	hast du?	du hast nicht.
er hat	hat er (sie, es)?	er (sie, es) hat nicht.
wir haben	haben wir?	wir haben nicht.
ihr habt	habt ihr?	ihr habt nicht.
sie haben	haben sie?	sie haben nicht.
(Sie haben *you have*)	(haben Sie *have you*)?	(Sie haben nicht).

Loben *to praise.* — Lieben *to love.*

ich lobe	lobe ich?	ich liebe
du lobst	lobst du?	du liebst
er lobt	lobt er?	er liebt
wir loben	loben wir?	wir lieben
ihr lobt	lobt ihr?	ihr liebt
sie loben	loben sie?	sie lieben
(Sie loben)	(loben Sie)?	(Sie lieben).

Leseübung.

Der Kopf des Menschen (man) ist rundlich. Der Hals ist rund; er ist zwischen dem Kopfe und den Schultern. Der Mensch hat zwei Schultern: die rechte Schulter und die linke Schulter. Er hat zwei Arme: der rechte Arm und der linke Arm. Der Mensch hat auch zwei Hände: die rechte Hand und die linke Hand. Die Hand ist am Ende des Armes. In der Mitte des Armes ist der Ellbogen; wir haben zwei Ellbogen. Der Mensch hat zehn Finger, fünf an der rechten Hand und fünf an der linken Hand; er hat fünf Finger an jeder Hand. Am Ende eines jeden Fingers ist ein Nagel.

Die Brust ist der vordere Teil (part) und der Rücken ist der hintere Teil des Leibes.

Der Mensch hat zwei Beine und zwei Füße: das rechte und das linke Bein, der rechte und der linke Fuß.

In der Mitte des Beines ist das Knie, wir haben zwei Kniee.

Mit (with) den Beinen und Füßen gehen wir; wir gehen schnell oder langsam.

Mit den Händen und Fingern fühlen wir (we touch).

Das Pferd (horse) hat keine Arme; es hat weder (neither) Hände noch (nor) Finger; es hat vier Beine und vier Füße; es ist ein Vierfüßler; der Elefant ist ein vierfüßiges Tier.

Eins, zwei, drei, vier, fünf, sechs, sieben, acht, neun, zehn, elf, zwölf, dreizehn (13), vierzehn (14), fünfzehn (15), sechszehn (16), siebenzehn (17), achtzehn (18), neunzehn (19), zwanzig (20).

Leseübung.

Der Kopf des Menschen (*man*) ist rundlich. Der Hals ist rund; er ist zwischen dem Kopfe und den Schultern. Der Mensch hat zwei Schultern : die rechte Schulter und die linke Schulter. Er hat zwei Arme : der rechte Arm und der linke Arm. Der Mensch hat auch (*also*) zwei Hände : die rechte Hand und die linke Hand. Die Hand ist am Ende des Armes. In der Mitte des Armes ist der Ellbogen; wir haben zwei Ellbogen. Der Mensch hat zehn Finger, fünf an der rechten Hand und fünf an der linken Hand; er hat fünf Finger an jeder Hand. Am Ende eines jeden Fingers ist ein Nagel.

Die Brust ist der vordere Teil (*part*), der Rücken ist der hintere Teil des Leibes.

Der Mensch hat zwei Beine und zwei Füsse : das rechte und das linke Bein, der rechte und der linke Fuss.

In der Mitte des Beines ist das Knie; wir haben zwei Kniee.

Mit (*with*) den Beinen und Füssen gehen wir; wir gehen schnell oder langsam.

Mit den Händen und Fingern fühlen (*touch*) wir.

Das Pferd (*horse*) hat keine Arme; es hat weder (*neither*) Hände noch (*nor*) Finger; es hat vier Beine und vier Füsse; es ist ein Vierfüssler; der Elefant ist ein vierfüssiges Tier.

Eins, zwei, drei, vier, fünf, sechs, sieben, acht, neun, zehn, elf, zwölf, dreizehn (13), vierzehn (14), fünfzehn (15) sechszehn (16), siebenzehn (17), achtzehn (18), neunzehn (19), zwanzig (20).

Fragen und Antworten.

Was ist das? Antwort: Das ist der Kopf. Was ist das? — Das ist der Hals. (Hauptwörter in der Einzahl).

Was ist das? — Das sind Arme. Was ist das? — Das sind Beine. (Hauptwörter in der Mehrzahl).

Was ist das? — Das ist ein Arm. Ist das der linke Arm? — Nein, das ist nicht der linke Arm. Ist das der rechte Arm? — Ja, das ist der rechte Arm.

Was ist das? — Das ist eine Hand. Ist das die rechte Hand? — Nein, das ist nicht die rechte Hand. Ist das die linke Hand? — Ja, das ist die linke Hand.

(Dieselben Fragen nach den Schultern, Beinen und Füßen).

Hat der Mensch Arme? — Ja, er hat welche (some).

Hat er Füße? — Ja, er hat Füße. Hat er Hände? Finger? u. s. w. (etc.) — Ja, er hat welche.

Hat der Hund (dog) Arme? — Nein, der Hund hat keine Arme. Haben die Pferde Beine? — Ja, sie haben Beine. Wie viele (how many) Beine haben sie? — Sie haben vier Beine. Wie viele Füße hat ein Pferd? — Es hat vier Füße. Wie viele Arme haben wir? — Wir haben zwei Arme. Wie viele Schultern haben wir? Wie viele Beine? Wie viele Hände? Füße? Finger? Wo (where) ist das Knie? — Es ist in der Mitte des Beines. Wo sind die Nägel? Die Ellbogen? Wo sind die Füße?

Lehrer: Ich habe Hunde, aber ich habe keine Pferde.

Habe ich Hunde, mein Herr? — Ja, Sie haben welche.

Habe ich Pferde? — Nein, Sie haben keine.

Haben Sie Katzen, Frau A.? — Ja, ich habe welche. (Nein, ich habe keine).

Hat der Herr Lehrer Hunde? — Ja, er hat welche. (Nein, er hat keine).

Fragen und Antworten.

Was ist das? — *Antw.* Das ist der Kopf. Was ist das? — Das ist der Hals. (Hauptwörter in der Einzahl.)

Was ist das? — Das sind Arme. Was ist das? — Das sind Beine. (Hauptwörter in der Mehrzahl.)

Was ist das? — Das ist ein Arm. Ist das der linke Arm? — Nein, das ist nicht der linke Arm. Ist das der rechte Arm? — Ja, das ist der rechte Arm.

Was ist das? — Das ist eine Hand. Ist das die rechte Hand? — Nein, das ist nicht die rechte Hand. Ist das die linke Hand? — Ja, das ist die linke Hand.

(Dieselben Fragen nach den Schultern, Beinen und Füssen.)

Hat der Mensch Arme? — Ja, er hat welche (*some*).

Hat er Füsse? — Ja, er hat Füsse. Hat er Hände? Finger? u. s. w. (*etc.*) — Ja, er hat welche.

Hat der Hund (*dog*) Arme? — Nein, der Hund hat keine Arme. Haben die Pferde Beine? — Ja, si haben Beine. Wie viele (*How many*) Beine haben sie? — Sie haben vier Beine. Wie viele Füsse hat das Pferd? — Es hat vier Füsse. Wie viele Arme haben wir? — Wir haben zwei Arme. Wie viele Schultern haben wir? Wie viele Beine? Wie viele Hände? Füsse? Finger? Wo (*where*) ist das Knie? — Es ist in der Mitte des Beines. Wo sind die Nägel? Die Ellbogen? Wo sind die Füsse?

LEHRER.—Ich habe Hunde, aber ich habe keine Pferde.

Habe ich Hunde, mein Herr? — Ja, Sie haben welche.

Habe ich Pferde? — Nein, Sie haben keine.

Haben Sie Katzen, Frau A.? — Ja, ich habe welche. (Nein, ich habe keine.)

Hat der Herr Lehrer Hunde? — Ja, er hat welche. (Nein, er hat keine.)

Was ist das Pferd? — Das Pferd ist ein vierfüßiges Tier.

Ist das Pferd ein wildes Tier? Nein, das Pferd ist kein wildes Tier, es ist ein Haustier.

Ist der Hund ein Haustier? Ja, der Hund ist ein Haustier.

Kann der Mensch gehen? Ja, der Mensch kann gehen. Gehe ich? — Ja, Sie gehen. (Nein, Sie gehen nicht).

Gehe ich schnell oder langsam. — Sie gehen langsam.

Womit (mit was) gehen wir? — Wir gehen mit den Beinen und Füßen.

Womit (mit was) fühlen wir? — Wir fühlen mit den Händen und Fingern.

Nehme ich das Buch? — Ja, Sie nehmen das Buch. Was nehme ich? Sie nehmen das Buch.

Wie ist der Kopf?

Wie ist der Hals?

Zählt gefälligst von eins bis zwanzig.

Grammatik.

Die Deklination der Hauptwörter.

Männliche und sächliche Hauptwörter auf =el, =er, =en, =chen, und =lein, haben im Genitiv der Einzahl =s und im Dativ der Mehrzahl =n.

Der Bruder (the brother).

	Einzahl:	Mehrzahl:
N.	der Bruder	die Brüder
G.	des Bruders	der Brüder
D.	dem Bruder	den Brüdern
A.	den Bruder.	die Brüder.

Was ist das Pferd? — Das Pferd ist ein vierfüssiges Tier.

Ist das Pferd ein wildes Tier? — Nein, das Pferd ist kein wildes Tier, es ist ein Haustier.

Ist der Hund ein Haustier? — Ja, der Hund ist ein Haustier.

Kann der Mensch gehen? — Ja, der Mensch kann gehen. Gehe ich? — Ja, Sie gehen. (Nein, Sie gehen nicht).

Gehe ich schnell oder langsam? — Sie gehen langsam.

Womit (mit was) gehen wir? — Wir gehen mit den Beinen und Füssen.

Womit (mit was) fühlen wir? — Wir fühlen mit den Händen und Fingern.

Nehme ich das Buch? — Ja, Sie nehmen das Buch. Was nehme ich? — Sie nehmen das Buch.

Wie ist der Kopf?

Wie ist der Hals?

Zählt gefälligst von eins bis zwanzig.

Grammatik.

Die Deklination der Hauptwörter.

Männliche und sächliche Hauptwörter auf -el, -er, -en, -chen und -lein haben im Genitiv der Einzahl s. Im Dativ der Mehrzahl haben alle Hauptwörter -n.

Der Bruder (*the brother*).

EINZAHL		MEHRZAHL
N.	der Bruder	die Brüder
G.	des Bruders	der Brüder
D.	dem Bruder	den Brüdern
A.	den Bruder.	die Brüder.

Der praktische Deutsche.

Der Himmel (the heaven).

N.	der Himmel	die Himmel
G.	des Himmels	der Himmel
D.	dem Himmel	den Himmeln
A.	den Himmel.	die Himmel.

Auf gleiche Weise werden deklinirt:

das Messer,	the knife.	der Vogel,	the bird.
der Garten,	the garden.	der Engel,	the angel.
der Apfel,	the apple.	das Mädchen,	the girl.
der Schlüssel,	the key.	das Bäumchen,	the little tree.

Die Hauptwörter mit der Endung =chen oder =lein sind sächlich.

2. Aufgabe. — Schreibt die Fragen und Antworten.
Was ist das? — Das ist eine Hand.
Ist das....? — Nein, das ist die linke Hand.
Ist das....? — Ja, das ist die rechte Hand.
Hat....? — Ja, der Mensch hat Finger.
Hat....? — Nein, das Pferd hat keine Finger.
Wo....? — Der Hals ist zwischen dem Kopfe und den Schultern.
Wo....? — Das Knie ist in der Mitte des Beines.
Gehen....? — Ja, die Pferde gehen.
Womit ....? — Wir gehen mit den Beinen und Füßen.
Womit ....? — Wir tasten mit den Fingern und Händen.
Schreibt mit Buchstaben: 1, 2, 3, 4, 5, 6, 7, 8, 9, 10, 11, 12, 13, 14, 15, 16, 17, 18, 19, 20.

Der Himmel (*the heaven*).

N.	der Himmel	die Himmel
G.	des Himmels	der Himmel
D.	dem Himmel	den Himmeln
A.	den Himmel.	die Himmel.

Auf gleiche Weise werden dekliniert :

das Messer,	*the knife.*	der Vogel,	*the bird.*
der Garten,	*the garden.*	der Engel,	*the angel.*
der Apfel,	*the apple.*	das Mädchen,	*the girl.*
der Schlüssel,	*the key.*	das Bäumchen,	*the little tree.*

Alle Hauptwörter mit der Endung -chen und -lein sind sächlich.

ZWEITE AUFGABE. — Schreibt die Fragen und Antworten.
Ist das....? — Nein, das ist die linke Hand.
Ist das... ? — Ja, das ist die rechte Hand.
Hat... ? — Ja, der Mensch hat Finger.
Hat....? — Nein, das Pferd hat keine Finger.
Wo....? — Der Hals ist zwischen dem Kopf und den Schultern.
Wo....? — Das Knie ist in der Mitte des Beines.
Gehen....? — Ja, die Pferde gehen.
Womit.....wir? — Wir gehen mit den Beinen und Füssen.
Womit.....? — Wir tasten mit den Fingern und Händen.
Schreibt mit Buchstaben : 1, 2, 3, 4, 5, 6, 7, 8, 9, 10, 11, 12, 13, 14, 15, 16, 17, 18, 19, 20.

DRITTE LEKTION.

Das Gesicht. (*The face.*)

Die Stirn,	*the forehead.*	der Mund,	*the mouth.*
das Auge,	*the eye.*	die Zunge,	*the tongue.*
zwei Augen,	*two eyes.*	die Lippe,	*the lip.*
die Nase,	*the nose.*	der Zahn,	*the tooth.*
das Kinn,	*the chin.*	die Zähne,	*the teeth.*
das Haar,	*the hair.*	eine Wange,	*a cheek.*

weiss,	*white.*	schwarz,	*black.*	grau,	*gray.*
blau,	*blue.*	grün,	*green.*	rot,	*red.*
braun,	*brown.*	dünn,	*thin.*	dick,	*thick.*

Hören, *to hear.* **Sehen,** *to see.* **Sprechen,** *to speak.*

ich höre	ich sehe	ich spreche
du hörst	du siehst	du sprichst
er hört	er sieht	er spricht
wir hören	wir sehen	wir sprechen
ihr hört	ihr seht	ihr sprecht
sie hören.	sie sehen.	sie sprechen.

Riechen, *to smell.* **Trinken,** *to drink.* **Nehmen,** *to take.*

ich rieche	ich trinke	ich nehme
du riechst	du trinkst	du nimmst
er riecht	er trinkt	er nimmt
wir riechen	wir trinken	wir nehmen
ihr riecht	ihr trinkt	ihr nehmt
sie riechen.	sie trinken.	sie nehmen.

Essen, *to eat.*	Tragen, *to carry.*	Gehen, *to go.*
ich esse	ich trage	ich gehe
du issest	du trägst	du gehst
er isst	er trägt	er geht
wir essen	wir tragen	wir gehen
ihr esst	ihr tragt	ihr geht
sie essen.	sie tragen.	sie gehen.

Leseübung.

Die Stirn ist der obere Teil, und das Kinn ist der untere Teil des Gesichtes.

Die Augen sind unter der Stirne. Die Nase ist in der Mitte des Gesichtes.

Der Mund ist unter der Nase und über dem Kinn; er ist zwischen der Nase und dem Kinn.

Die Lippen sind um den Mund. Auf der Oberlippe des Mannes ist der Schnurrbart.

In dem Munde sind die Zunge und die Zähne.

Wir haben zwei Ohren; an jeder Seite des Kopfes ist ein Ohr.

Die Wangen sind zwischen den Augen, den Ohren, dem Munde und der Nase. An den Wangen und am Kinn der (*of the*) Männer ist der Bart.

Die Augen sind gross oder klein, blau, schwarz, braun oder grau.

Der Mund ist gross oder klein. Der Mund des Pferdes (der Tiere, *of animals*) heisst Maul.

Die Lippen sind dick oder dünn, rot oder blass.

Die Haare sind auf dem Kopfe. Sie sind blond, schwarz, braun, rot, grau oder weiss. Es giebt keine grünen Haare.

Die Frauen tragen gewöhnlich lange, die Männer kurze Haare.

Wir sehen mit den Augen; wir hören mit den Ohren; wir riechen mit der Nase; mit dem Munde sprechen, essen und trinken wir.

10, 11, 12, 13, 14, 15, 16, 17, 18, 19, 20, ein und zwanzig (21), zwei und zwanzig (22), drei und zwanzig (23), vier und zwanzig (24), fünf und zwanzig (25), sechs und zwanzig (26), sieben und zwanzig (27), acht und zwanzig (28), neun und zwanzig (29), dreissig (30).

Fragen und Antworten.

Was ist die Stirn? — Es ist der obere Teil des Gesichtes.

Was ist das Kinn? — Es ist....

Was ist das (*pointing to the nose*)? — Es ist....

Wo ist die Nase? der Mund? die Zunge?

Wo sind die Haare? die Lippen? die Zähne?

Wer hat einen Bart?

Haben die Frauen einen Bart?

Wie sind die Haare?

Sind die Haare grün? Sind die Haare blau? Sind die Haare weiss?

Hat Herr B. weisse Haare?

Womit sehen wir? — Wir sehen mit den Augen.

Womit riechen wir? Womit sprechen wir? Womit essen wir? Womit trinken wir?

LEHRER. — Ich habe gute Augen, ich sehe sehr gut; aber ich habe kein gutes Gehör (*hearing*), ich höre nicht gut.

Haben Sie gute Augen, sehen Sie gut? — Ja, ich habe gute Augen, ich sehe sehr gut.

Haben Sie ein gutes Gehör, hören Sie gut? — Ja, ich habe ein gutes Gehör, ich höre gut. (Nein, ich habe kein gutes Gehör, ich höre nicht gut.)

Hat der Lehrer gute Augen? — Ja, er hat....

Hören Sie gut, mein Herr? — Ja, ich.... (Nein, ich....)

Habe ich gute Augen? — Ja, Sie.... (Nein, Sie haben nicht...., ...)

Höre ich gut? — Ja, Sie.... (Nein, Sie....)

LEHRER. — Ich spreche deutsch; Herr N. spricht englisch, und Sie, Frau M., sprechen Sie auch englisch?

Spreche ich deutsch? Spreche ich englisch? — Ja, Sie.... (Nein, Sie....)
Spricht Herr N. deutsch? englisch?
Sprechen Sie englisch, Frau N.?
Sprechen die Deutschen englisch?
Sprechen die Deutschen deutsch?
Und die Amerikaner?
Sprechen wir hier deutsch oder englisch?
Spreche ich schnell (*quickly*) oder langsam (*slowly*)?

LEHRER. — Ich esse gern (*I like to eat*) Obst (*fruit*); ich trinke gern Kaffee; die Franzosen (*French*) trinken gern Wein, die Deutschen trinken gern Bier.

Essen Sie gern Obst, mein Fräulein?
Isst Herr N. gern Äpfel?
Trinken die Franzosen gern Bier?
Trinken die Deutschen gern Kaffee?
Trinken Sie gern Thee oder Kaffee?
Zählt gefälligst von 10 bis 30.

Grammatik.

DEKLINATION DER HAUPTWÖRTER (*Fortsetzung*).

	EINZAHL	MEHRZAHL
N.	der Fisch	die Fische
G.	des Fisches	der Fische
D.	dem Fische	den Fischen
A.	den Fisch.	die Fische.
N.	das Haar	die Haare
G.	des Haares	der Haare
D.	dem Haare	den Haaren
A.	das Haar.	die Haare.
N.	die Kraft (*strength, power*)	die Kräfte
G.	der Kraft	der Kräfte
D.	der Kraft	den Kräften
A.	die Kraft.	die Kräfte.
N.	der Mann	die Männer
G.	des Mannes	der Männer
D.	dem Manne	den Männern
A.	den Mann.	die Männer.
N.	der König	die Könige
G.	des Königs	der Könige
D.	dem Könige	den Königen
A.	den König.	die Könige.

DRITTE AUFGABE. — Schreibt die Fragen ab und beantwortet dieselben (*the same*).

Womit hören wir?
Womit essen wir?
Spricht der Herr Lehrer deutsch?
Sprechen die Amerikaner englisch?

Trinken Sie Thee oder Kaffee?
Essen wir Obst?
Trinken wir Wein oder Wasser?
(Setzt die deutschen Wörter statt der englischen).
Die (*right*) Hand; der (*right*) Fuss; das (*right*) Bein; der (*left*) Arm; die (*left*) Hand.
Schreibt mit Buchstaben: 15, 16, 17, 18, 19, 20.

VIERTE LEKTION.

Die Familie. (*The family.*)

Der Mann (*man*),	} *husband.*	die Frau (*woman*),*	} *wife.*
der Gatte,		die Gattin,	
der Vater,	*the father.*	die Mutter	*the mother.*
der Sohn,	*the son.*	eine Tochter,	*a daughter.*
der Bruder,	*the brother.*	eine Schwester,	*a sister.*
der Knabe,	*the boy.*	das Mädchen,	*the girl.*

Kleidungsstücke. (*Wearing apparel*).

Der (Frauen) Rock,	*the dress.*	der Rock,	*the coat.*
der Unterrock,	*the skirt.*	eine Weste,	*a waistcoat.*
das Leibchen,	} *the bodice.*	eine Hose,	*trousers.*
der Schnürleib,		der Kragen,	*the collar.*
der Ärmel,	*the sleeve.*	die Seide,	*the silk.*
der Mantel,	*the cloak.*	die Wolle,	*the wool.*
der Hut,	*the hat.*	das Tuch,	*the cloth.*
der Handschuh,	*the glove.*		

(*) Frau, *woman;* Fräulein, *young lady, damsel, miss.*
"Frau" is used to denote any of the following words: *mistress* (Herrin), *lady* (Dame), *wife* (Gattin, Gemahlin). "Das Weib" is the exact equivalent for *wife,* but is not used much in this sense in modern German. Originally "Frau" meant *wife of the master, wife of the house.* "Fräulein," the diminutive of "Frau" (*little woman*), meant originally *noble maiden, young lady of noble birth, mistress, sweetheart,* but also *servant girl.* To-day it means an *unmarried lady.*

Können, *to be able (can).* — **Helfen,** *to help.*

ich kann	ich helfe
du kannst	du hilfst
er kann	er hilft
wir können	wir helfen
ihr könnt	ihr helft
sie können.	sie helfen.

Kennen, *to know,* **bekannt sein,** *to be known, to be acquainted.*

ich kenne	ich bin bekannt
du kennst	du bist bekannt
er kennt	er ist bekannt
wir kennen	wir sind bekannt
ihr kennt	ihr seid bekannt
si kennen.	sie sind bekannt.

Anziehen, *to put on.* — **Ausziehen,** *to take off, to undress.*

ich ziehe an	ich ziehe aus
du ziehst an	du ziehst aus
er zieht an	er zieht aus
wir ziehen an	wir ziehen aus
ihr zieht an	ihr zieht aus
sie ziehen an.	sie ziehen aus.

nehmen, *to take,*	finden, *to find.*
abnehmen, *to take off.*	gefallen, *to please.*
(ich nehme ab.)	wie gefällt Ihnen das? *How do you like this?*

Leseübung.

Frau. A. — Kennen Sie Herrn Albert Grün, den Zahnarzt?

Frau B. — Ja, werteFrau, ich kenne ihn.

A. — Und seine Frau?

B. — Ich kenne auch sie.

A. — Haben sie Kinder?

B. — Oh, ja, zwei, einen Sohn, Paul, zwanzig Jahre alt, und eine Tochter, Johanna, achtzehn Jahre alt.

A. — Kennen Sie diese auch? (Sind Sie auch mit ihr bekannt?)

B. — Ganz gewiss, ich sehe sie sehr oft.

A. — Sehen die Kinder ihren Eltern ähnlich?

B. — Paul sieht (gleicht) seiner Mutter ähnlich; er ist gross und hat schwarze Haare und schwarze Augen, wie seine Mutter. Er ist ein fleissiger, intelligenter Jüngling (*youth*); er hilft bereits (*already*) seinem Vater im Geschäft (*business*).

Seine Schwester Johanna ist klein, und hat blonde Haare und blaue Augen, wie ihr Vater. Sie ist eine liebenswürdige junge Dame (ein liebenswürdiges Fräulein) und eine vortreffliche Sängerin. Beide Kinder lieben ihre Eltern sehr.

A. — Gehen nicht Herr und Frau Grün beim Hotel Continental vorbei?

B. — Ja, Frau Grün trägt ihr gewöhnliches Sommer-Kleid: einen Rock von brauner Wolle und einen schwarzen Hut; im Winter trägt sie einen Mantel von schwarzem Sammt. Ihr Gatte trägt im Sommer wie im Winter einen Rock, eine Weste und Hosen von schwarzem Tuch, einen schwarzen Hut, schwarze Handschuhe, einen Stehkragen und eine weisse Halsbinde.

A. — Wer sind die beiden jungen Damen, welche hinter Herrn und Frau Grün hergehen? Sehen Sie sie?

B. — Nein, ich sehe sie nicht, wo sind sie?

A. — Sie sind gerade vor uns, dem grossen Porzellan-Laden gegenüber; sehen Sie sie jetzt?

B. — Oh, ja, jetzt sehe ich sie. Die Dame im grauen Musselin-Kleide mit dem Schnürleib von blauer Seide ist Fräulein Johanna, die andere ist Fräulein G., ihre Busenfreundin. Sie sind immer (*always*) bei einander, aber sie sind nie (*never*) gleich gekleidet.

A. — Wie gefällt Ihnen das Kleid von Fräulein G.?

B. — Das Tuch ist von schöner Farbe, aber ich glaube, die Ärmel sind zu kurz und zu enge; lange, weite Ärmel gefallen mir besser.

A. — Wie gefällt Ihnen ihr Hut?

B. — Er gefällt mir durchaus nicht (*not at all*). Er ist zu breit und zu hoch; die niedrigen (*low*) Hüte gefallen mir besser.

Dreissig (30), ein und dreissig (31), zwei und dreissig (32), drei und dreissig (33), 34, 35, 36, 37, 38, 39, vierzig (40).

Fragen und Antworten.

Ist Frau B. mit Herrn Grün bekannt? — Ja, sie ist mit ihm bekannt.

Kennt sie auch Frau Grün? — Ja, sie ist auch mit ihr bekannt.

Kennt sie auch ihre Kinder? — Ja, sie kennt sie auch (sie ist auch mit ihnen bekannt.)

Der Lehrer kennt weder Herrn Grün noch Frau Grün, noch ihre Kinder.

Kennt der Herr Lehrer den Herrn Grün? — Nein, er kennt ihn nicht.

Kennt er die Frau Grün? — Nein, er kennt auch sie nicht.

Kennt er ihre Kinder? — Nein, er kennt sie nicht.

Wie viele Kinder haben Herr und Frau Grün? — Sie haben zwei.

Wie heisst der Sohn? Wie alt ist er?

Wie heisst die Tochter? Wie alt ist sie?

Ist Paul gross oder klein? Hat er braune oder schwarze Haare? Gleicht er dem Vater oder der Mutter?

Ist Johanna gross oder klein? Hat sie schwarze oder blaue Augen? Gleicht sie dem Vater oder der Mutter?

Ist Paul der Bruder oder der Vetter (*cousin*) der Johanna? — Er ist nicht ihr Vetter, er ist ihr Bruder. Ist Johanna Pauls Cousine, oder ist sie seine Schwester? — Sie ist nicht seine Cousine, sie ist seine Schwester.

Liebt Johanna ihren Vater? — Ja, sie liebt ihn.

Liebt Paul seinen Vater? — Ja, er liebt ihn.

Lieben die Kinder ihre Eltern? — Ja, sie lieben sie.

Wo sieht Frau B. die Frau Grün. — Sie sieht sie vor dem Hotel Continental.

Ist sie allein?

Trägt sie ein Kleid von Seide?

Von welcher Farbe ist ihr Kleid? — Ihr Kleid ist braun.

Von welcher Farbe ist ihr Hut?

Von welcher Farbe ist Herrn Grüns Hut?

Von welcher Farbe sind seine Hosen?

Von welcher Farbe ist seine Weste? Sein Überrock? Seine Halsbinde? Von welcher Farbe sind seine Handschuhe?

Geht Fräulein Johanna vor oder hinter ihren Eltern? — Sie geht hinter ihnen.

Wer ist bei (*with*) ihr? Ist Fräulein G. ihre Cousine oder ihre Schwester? — Sie ist weder (*neither*) ihre Cousine noch (*nor*) ihre Schwester, sie ist ihre Freundin.

Was für ein Kleid trägt Fräulein Johanna?

Wie gefällt Johanna's Kleid der Frau B.? — Es gefällt ihr nicht.

Gefällt ihr der Hut von Fräulein G.?

(Fragen über die Kleider der Schüler.)

DER LEHRER. — Ich ziehe meinen Überrock, meine Halsbinde und meine Handschuhe an.

Ziehe ich meinen Überrock an? — Ja, Sie ziehen ihn an.

Ziehe ich meine Handschuhe an? — Ja, Sie ziehen sie an.

DER LEHRER. — Ich ziehe meinen Überrock und meine Handschuhe aus.

Ziehe ich meinen Überrock aus? — Ja, Sie ziehen ihn aus.

Was ziehe ich aus? — Sie ziehen ihre Handschuhe aus.

DER LEHRER. — Ich lege ihren Hut und ihre Handschuhe auf den Tisch, mein Herr.

Ihr Hut ist auf dem Tische, nehmen Sie ihn und legen Sie ihn auf den Stuhl.

Ihre Handschuhe sind auf dem Tische; nehmen Sie sie und stecken Sie sie in Ihre Tasche.

Ihr Buch ist zu; öffnen Sie es.

Die Thüre ist offen; machen Sie sie zu.

Zählt von 30 bis 40.

Grammatik.

Deklination der Hauptwörter (*Fortsetzung*).

	EINZAHL.	MEHRZAHL.
N.	die Frau	die Frauen
G.	der Frau	der Frauen
D.	der Frau	den Frauen
A.	die Frau.	die Frauen.

N.	das Auge	die Augen
G.	des Auges	der Augen
D.	dem Auge	den Augen
A.	das Auge.	die Augen.

N.	das Ohr	die Ohren
G.	des Ohres	der Ohren
D.	dem Ohre	den Ohren
A.	das Ohr.	die Ohren.

N.	der Knabe	die Knaben
G.	des Knaben	der Knaben
D.	dem Knaben	den Knaben
A.	den Knaben.	die Knaben.

Das persönliche Fürwort der dritten Person er.

		Männlich.	Weiblich.	Sächlich.		Männlich.	Weiblch.	Sächlich.
Einzahl	N.	er	sie	es	*Mehrzahl*		sie	
	G.	seiner	ihrer	seiner			ihrer	
	D.	ihm	ihr	(ihm)			ihnen	
	A.	ihn	sie	es.			sie.	

Die zueignenden Fürwörter. (*Possessive Adjectives.*)

	Männlich.	Weiblich.	Sächlich.		Männlich.	Weiblich.	Sächlich.
Einzahl	mein	meine	mein	*Mehrzahl*	meine	*my*	
	dein	deine	dein		deine	*thy*	
	sein	seine	sein		seine	*his (its)*	
	ihr	ihre	ihr		ihre	*her (its)*	
	unser	unsere	unser		unsere	*our*	
	Ihr	Ihre	Ihr		Ihre	*your*	
	euer	euere	euer		euere	*your*	
	ihr	ihre	ihr		ihre	*their*	

Vierte Aufgabe. — Setzt im Folgenden die nötigen Fürwörter.

Herr G. ist bei.... Kindern. .... Sohn ist zwanzig Jahre alt; .... Tochter achtzehn. Herr und Frau G. haben zwei Kinder: .... Sohn ist gross, ... Tochter ist klein. Wie alt sind .... Kinder? ... Sohn ist fünf Jahre alt und .... Tochter sechs Monate. Bei wem (*whom*) ist ihre Tochter? Sie ist bei .... Bruder und bei .... Schwester und .... Freundin Bertha.

(Beantwortet die folgenden Fragen.)

Wie gefällt Ihnen mein Hut? Wie gefällt Ihnen mein Kleid? Wie gefallen Ihnen meine Handschuhe? Warum ziehen Sie Ihren Überrock nicht an?

Schreibt mit Buchstaben : 20, 21, 22, 23, 24, 25, 26, 27, 28, 29, 30.

FÜNFTE LEKTION.

Das Schulzimmer. (*The class-room.*)

Der Fussboden,	*the floor.*	der Lehrer,	*the teacher, instructor.*
die Decke,	*the ceiling.*		
der Armsessel, der Lehnstuhl,	*the armchair.*	das Buch,	*the book.*
		das Heft,	*the copy-book.*
der Schreibtisch,	*the desk.*	das Papier,	*the paper.*
eine Schublade,	*a drawer.*	der Bleistift, die Bleifeder,	*the lead, pencil.*
der Teppich,	*the carpet.*		
der Vorhang,	*the curtain.*	eine Feder*	*a pen.*
der Roll-Vorhang,	*the shade.*	der Stuhl,	*the chair.*
		der Kaminsims,	*the mantelpiece.*
die Tinte,	*the ink.*		
das Tintenfass,	*the inkstand.*	eine Thür,	*a door.*
eine Wandtafel,	*a blackboard.*	das Fenster,	*the window.*
die Kreide,	*the crayon.*	der Schlüssel,	*the key.*
die Seite,	*the page.*	der Bediente,	*the servant.*
die Tasche,	*the pocket.*	der Unterricht,	*the instruction.*
offen,	*open.*	öffnen,	*to open.*
schreiben,	*to write.*	lesen,	*to read.*
sitzen,	*to sit.*	schliessen,	*to close.*
sagen,	*to say.*	falten,	*to fold.*
zumachen,	*to close, to shut.*	machen, thun,	*to do.*

---

* "Die Feder" means really *feather* reminding one of the quills formerly used in place of pens. To state clearly that "pen" not "feather," is meant, the Germans use also "die Schreibfeder" und "Stahlfeder" (*steel pen*).

Ich sitze	ich thue	ich lese	ich mache zu
I am sitting.	*I to.*	*I read.*	*I close.*
du sitzest	du thust	du liesest	du machst zu
er sitzt	er thut	er liest	er macht zu
wir sitzen	wir thun	wir lesen	wir machen zu
ihr sitzt	ihr thut	ihr lest	ihr macht zu
sie sitzen.	sie thun.	sie lesen.	sie machen zu.

Es ist, es giebt, es sind
es befindet sich, es befinden sich, } *there is, there are.*

dieser, diese, dieses, *this, that.*

EINZAHL.

	Männlich.	Weiblich.	Sächlich.
N.	dieser	diese	dieses
G.	dieses	dieser	dieses
D.	diesem	dieser	diesem
A.	diesen	diese	dieses

MEHRZAHL.

Männlich. Weiblich. Sächlich.

diese
dieser
diesen
diese.

Leseübung.

Das Schulzimmer ist offen; der Lehrer ist da, aber die Schüler sind noch nicht da. — Die Decke des Zimmers ist hoch und weiss; der Fussboden ist mit einem Teppich bedeckt. Der Lehrer sitzt in seinem Lehnstuhl am Schreibtische. Im Zimmer befinden sich mehrere Stühle, ein Tisch und eine Wandtafel. Der Lehrer schreibt an die Wandtafel mit Kreide.

Auf dem Tische sind Bücher, Papier, Bleifedern, eine Feder und ein Tintenfass; dieses Tintenfass ist voll Tinte. Auf dem Kaminsims stehen eine Lampe und zwei Vasen.

Die Schubladen des Schreibtisches sind mit einem Schlüssel geschlossen. In einer der Schubladen befinden sich Briefpapier und Brieftaschen (Couverte).

Vor der Ankunft der Schüler nimmt der Lehrer aus seiner Tasche den Schlüssel zu der Schublade, öffnet diese, nimmt ein Blatt Papier und ein Couvert heraus und schreibt einen Brief. Wenn er den Brief vollendet hat, liest er ihn, faltet ihn, steckt ihn in das Couvert und schreibt die Adresse.

Dann öffnet er die Thür und sagt zu dem Bedienten : Tragen Sie diesen Brief auf die Post.

Das Zimmer hat zwei Fenster, vor den Fenstern befinden sich Vorhänge; diese sind heruntergelassen. Der Lehrer zieht die Vorhänge zur Seite und öffnet das Fenster.

Hierauf (*after this, next*) nimmt er ein Buch, öffnet es und liest einige Seiten. Wenn die Schüler kommen, macht er sein Buch zu und legt es auf den Tisch. Der Unterricht beginnt.

Vierzig (40), ein und vierzig (41), zwei und vierzig (42), drei und vierzig (43), 44, 45, 46, 47, 48, 49, fünfzig (50).

Fragen und Antworten.

(Der Schüler wird gut thun, nicht nur mit "ja" oder "nein", sondern in ganzen Sätzen (*sentences*) zu antworten.)

Wer ist im Schulzimmer? Wo sitzt er?
Ist Papier auf dem Tische?
Wo ist das Tintenfass? Was ist in dem Tintenfasse?
Wo sind die Bleifedern? Wo sind die Stühle?
Wo sind die Vasen? Ist die Lampe auf dem Tische?
Sind die Bücher auf dem Kaminsims?
Sind die Schüler hier?
Womit öffnet der Lehrer die Schublade? Was nimmt er heraus? Was schreibt er? Womit schreibt er? Was

thut er mit dem Briefe, wenn er ihn gefaltet hat? Wo schreibt er die Adresse? Was öffnet er dann? Wem giebt er den Brief? Was sagt er zu dem Bedienten? Was thut der Lehrer nachher? Wie viele Seiten liest er? Wann macht er das Buch zu? Wohin legt er das Buch? Wann beginnt der Unterricht? Womit schreibt der Lehrer auf die Wandtafel? Von welcher Farbe ist die Wandtafel? Wie ist die Kreide? Wie viele Schüler sind in diesem Zimmer? Was thun wir in der Schule? Schreiben wir? Womit schreiben wir? Sprechen wir englisch? Wo ist der Teppich? Ist ein Teppich in diesem Zimmer? Ist das Zimmer hoch? Wie ist die Decke? Wie viele Fenster hat das Zimmer? Sind die Fenster offen? Wer öffnet die Fenster des Schulzimmers? Sind Vorhänge vor den Fenstern? Von welcher Farbe sind die Vorhänge? Können Sie schreiben, Fräulein B.? Mit welcher Hand schreiben Sie? Wo ist die Tinte? Schreiben Sie mit einer Stahlfeder? Schreiben Sie einen Brief oder eine Aufgabe.

Zählt gefälligst von 40 bis 50.

Grammatik.

DEKLINATION DER HAUPTWÖRTER (*Fortsetzung*).

	EINZAHL.	MEHRZAHL.
N.	der Teppich	die Teppiche
G.	des Teppichs	der Teppiche
D.	dem Teppich	den Teppichen
A.	den Teppich.	die Teppiche.
N.	der Vorhang	die Vorhänge
G.	des Vorhanges	der Vorhänge
D.	dem Vorhange	den Vorhängen
A.	den Vorhang.	die Vorhänge.

	EINZAHL.	MEHRZAHL.
N.	der Lehrer	die Lehrer
G.	des Lehrers	der Lehrer
D.	dem Lehrer	den Lehrern
A.	den Lehrer.	die Lehrer.

	EINZAHL.	MEHRZAHL.
N.	das Buch	die Bücher
G.	des Buches	der Bücher
D.	dem Buche	den Büchern
A.	das Buch.	die Bücher.

	EINZAHL.	MEHRZAHL.
N.	der Mensch	die Menschen
G.	des Menschen	der Menschen
D.	dem Menschen	den Menschen
A.	den Menschen.	die Menschen.

	EINZAHL.	MEHRZAHL.
N.	der Strahl	die Strahlen
G.	des Strahles	der Strahlen
D.	dem Strahle	den Strahlen
A.	den Strahl.	die Strahlen.

Zusammenstellung.

Die deutschen Hauptwörter lassen sich in drei Deklinationen zusammenstellen.

I. Starke Deklination.	II. Schwache Deklination.	III. Gemischte Deklination.
EINZAHL.	EINZAHL.	EINZAHL.
N. —	N. —	N. —
G. -es, -s	G. -en, -n	G. -es, -s
D. -e, —	D. -en, -n	D. -e, —
A. —	A. -en, -n.	A. —

	MEHRZAHL.		MEHRZAHL.	MEHRZAHL.
1.	2.	3.	—	—
N. -e	—	-er	N. -en, -n	N. -en, -n
G. -e	—	-er	G. -en, -n	G. -en, -n
D. -en	-n	-ern	D. -en, -n	D. -en, -n
A. -e.	—	-er.	A. -en, -n.	A. -en, -n.
der Fisch.	der Vater.	das Buch.	der Mensch.	der Strahl.
der Bach.	der Spiegel.	das Lied.	der Graf.	das Ohr.
das Haar.	die Mutter.	der Mann.	der Löwe.	das Auge.

Zur *ersten* Klasse der starken Deklination gehören einsilbige männliche, weibliche und sächliche Hauptwörter, z. B., der Arzt, der Baum, der Fisch, der Hund; — die Braut, die Brust, die Faust, die Gans, die Hand;— das Bein, das Beil, das Schiff. Auch gehören zu dieser Klasse alle Wörter mit den Nachsilben -nis, und -sal, und alle männlichen und sächlichen Hauptwörtern mit den Nachsilben -and, -at, -icht, -ig, -ing, -ling, -rich, z. B., die Kenntnis, das Schicksal; der König, der Jüngling, der Fähnrich, u. s. w., und einige Fremdwörter: der Abt, der Altar, der General. Die weiblichen Hauptwörter bleiben in der Einzahl unverändert.

Zur *zweiten* Klasse der starken Deklination gehören (ausser die Mutter und die Tochter) nur männliche und sächliche Hauptwörter, namentlich solche die mit -el, -en, -er enden; die sächlichen mit der Vorsilbe Ge-, und die Wörter mit den Endungen -chen und -lein; z. B., der Schlüssel, der Graben, das Fenster, das Gebäude, das Mädchen, das Fräulein.

Zur *dritten* Klasse der starken Deklination gehören nur sächliche und (ausnahmsweise) einige männliche Hauptwörter; z. B., der Geist, der Leib, der Mann, der Wald; das Feld, das Geld, das Grab, das Bad, das Gras, das Gut.

FÜNFTE AUFGABE. — Vervollständigt die folgenden Sätze:
Öffnet (*this*) Thüre und (*these*) zwei Fenster. Legt (*this*)

Buch auf (*this*) Tisch. Stellt (*this*) Tintenfass auf (*that*) Buch. Schliesst (*this*) Papier, (*these*) Federn und Bleistifte in (*that*) Schublade.

Beantwortet die folgenden Fragen :

Ist der Schlüssel auf dem Tische? Wo sind Ihre Handschuhe? Ist das Heft auf diesem Tische? Sind die Couverte in der Schublade? Wo sind die Bleistifte?

Schreibt mit Buchstaben : 20, 21, 22, 30, 31, 32, 33, 40, 41, 44, 45.

SECHSTE LEKTION.

Die Zeit. (*The time.*)

Der Tag,	*the day.*	Mitternacht,	*midnight.*
die Stunde,	*the hour.*	der Morgen,	*the morning.*
die Nacht,	*the night.*	der Nachmittag,	*the afternoon.*
die Uhr,	*the watch.*	der Abend,	*the evening.*
der Uhrmacher,	*the watch-maker.*	der Marmor,	*the marble.*
		das Glass,	*the glass.*
eine Standuhr,	*a clock.*	das Gold,	*the gold.*
das Zifferblatt,	*the face.*	das Silber,	*the silver.*
der Zeiger,	*the hand.*	der Stahl,	*the steel.*
eine Ziffer,	*a figure.*	die Axe,	*the axis.*
der Mittag,	*the midday.*	zum Beispiel (z. B.),	*for instance.*
eine Umdreh-ung.	{ *a rotation.* *a revolution.* }	ausbessern, reparieren,	} *to repair.*
ansehen,	*to look at.*	tragen,	*to carry.*
anzeigen,	*to point at.*	müssen,	*to be obliged.*
angeben,	*to mark.*		*must.*
sagen,	*to say.*	kosten,	*to cost.*
wollen,	*to desire, to wish, will.*		

ich will *I will.*	ich sage *I say.*	ich koste* *I cost.*
du willst	du sagst	du kostest
er will	er sagt	er kostet
wir wollen	wir sagen	wir kosten
ihr wollt	ihr sagt	ihr kostet
sie wollen.	sie sagen.	sie kosten.

* "Kosten" means also *to taste*, in the sense *to test by tasting.* For instance : *Kosten Sie diese Frucht* (taste this fruit)! *To taste*, in the sense of *to have a taste*, or, *to smack of*, or, *to please the palate*, is *schmecken* in German. Thus : *Das schmekt mir* (I enjoy the taste of that); *der Apfel schmeckt gut* (the apple has a pleasant taste); *das schmeckt wie Fisch* (that smacks of fish).

Leseübung.

Wir sagen, der Tag hat vier und zwanzig Stunden und meinen damit die Zeit der Umdrehung der Erde um ihre Axe. Wir sagen auch, der Tag hat zwölf Stunden im Gegenteil zur Nacht, welche auch zwölf Stunden hat. Eine Stunde hat sechszig Minuten; eine Minute hat sechszig Sekunden. Auf dem Zifferblatt der Taschenuhr, der Standuhr und der Turmuhr sind die Stunden und Minuten mit Ziffern angegeben.

Zwei Zeiger zeigen die Stunden und Minuten an. Diese zwei Zeiger sind nicht gleich (*equally*) lang, der eine ist länger als der andere. Sie gehen nicht gleich schnell; der grosse Zeiger geht schneller als der kleine. Wenn am Tage die Zeiger auf der Ziffer zwölf stehen, sagen wir: es ist Mittag. Wenn bei Nacht die beiden Zeiger auf zwölf stehen, sagen wir: es ist Mitternacht. Ich frage den Herrn D.; "Herr D., wie viel Uhr ist es, bitte (*please*)? Dieser Herr schaut seine Uhr an, oder die Turmuhr, und sagt z. B.: Es ist zwei Uhr, es ist zehn Minuten nach zwei Uhr, es ist ein Viertel nach zwei Uhr (2^{15}), es ist halb drei Uhr (2^{30} *half past two o'clock*), es ist zwanzig Minuten bis vier Uhr (3^{40}), es ist drei viertel auf vier (3^{45}), u. s. w.

Der Morgen ist die Zeit von Mitternacht bis Mittag. Die Kinder gehen um neun Uhr morgens zur Schule. Die Zeit zwischen Mittag und Mitternacht heisst Abend. Die Kinder verlassen die Schule um drei oder vier Uhr nachmittags. Um zwei Uhr nachmittags oder um acht Uhr abends gehen wir in's Theater. In meinem Zimmer auf dem Kaminsims steht eine Standuhr aus* Marmor und an der Wand hängt (*hangs*) eine Wanduhr aus Holz. Ihre Zifferblätter sind aus weissem Porzellan, und die Zeiger sind von* Stahl. Ich ziehe diese Uhren mit einem Schlüssel auf.

Meine Standuhr ist sehr schön und sehr teuer; sie kostet hundert Mark. Meine Wanduhr ist nicht so schön und nicht so kostbar; sie kostet nur zwanzig Mark; sie geht aber auch nicht so gut.

Ich habe eine kleine Nickel-Uhr; sie ist sehr billig; sie kostet nur fünf Mark; aber meine Tochter hat eine sehr schöne, kleine, goldene (von Gold) Uhr, und mein Sohn hat eine silberne Uhr.

Unsere Uhren gehen nicht sehr gut; bisweilen (*sometimes*) gehen sie zu schnell, und wir sagen: die Uhren gehen vor; bisweilen gehen sie zu langsam, und wir sagen: die Uhren gehen nach. Von Zeit zu Zeit müssen wir die Uhren zum Uhrmacher tragen, um ein zerbrochenes Glas zu ersetzen oder sie regulieren oder reparieren (ausbessern) zu lassen.

Fünfzig (50), ein und fünfzig (51), zwei und fünfzig (52), 53, 54, 55, 56, 57, 58, 59, sechszig (60).

Fragen und Antworten.

Wie viele Stunden hat ein Tag? Wie viele Minuten hat eine Stunde? Wie viele Sekunden hat eine Minute?

---

* In ordinary use (im täglichen Gebrauch) both *aus* and *von* are found. When using *aus*, we add mentally (hinzu denken) *gemacht*. *Ex.*: Der Rock ist aus Tuch (gemacht). The coat is (made) of cloth.

Wie viele Zeiger hat eine Uhr? Sind die beiden Zeiger gleich lang? Ist der eine länger als der andere? Gehen sie gleich schnell? Geht der grosse Zeiger schneller oder langsamer als der kleine? Geht der kleine Zeiger schneller oder langsamer als der grosse? Wann sagen wir : es ist Mittag? Wann sagen wir : es ist Mitternacht? Hat der Lehrer Uhren? Wie viele Uhren hat der Lehrer? Woraus sind sie gemacht? Aus was sind die Zifferblätter gemacht? Aus was sind die Zeiger gemacht? Womit zieht der Lehrer die Uhren auf? Ist seine Standuhr schön? Ist sie teuer? Ist sie schöner oder weniger schön, als die Wanduhr? Ist sie teurer oder billiger (*cheaper*) als die Wanduhr? Was kostet die Wanduhr? Was kostet die Standuhr? Hat der Lehrer eine Taschenuhr? Ist seine Taschenuhr von Marmor? Ist der Marmor ein Metall? Was ist der Nickel? Ist das Gold ein Stein? Wie ist das Gold? Was ist das Silber? Wie ist das Silber? Geht Ihre Uhr gut, Herr B.? Geht sie vor, oder geht sie nach? Wie viel Uhr ist es? Wo steht der grosse Zeiger? Wo steht der kleine Zeiger?

Gehen die Kinder im November zur Schule? Gehen sie im Juli zur Schule? Gehen Sie zur Schule, Fräulein N.? Wo befindet sich Ihr Bruder, Fräulein A.? Befindet sich Ihre Mutter auf dem Lande? Wann gehen Sie auf's Land? Sind Sie im Winter auf dem Lande?

Zählt gefälligst von fünfzig bis sechszig.

Grammatik.

Deklination der Hauptwörter (*Fortsetzung*).

Die *schwache* Deklination enthält nur männliche und weibliche Hauptwörter, namentlich männlich einsilbige: der Bär, der Fürst, der Graf, der Hirt, der Thor, und mehrsilbige mit der Endsilbe -e: der Junge, der Riese, der

Knabe, der Affe, der Grieche; männliche Personennamen mit der Vorsilbe Ge-, z. B., der Gefährte, der Gehilfe, der Geselle; ferner einsilbige weibliche Wörter : die Bahn, die Burg, die Kost, die Last; die mehrsilbigen auf -el, -er, -at, -ei, -end, -heit, -keit, -in, -schaft, -ung : die Angel, die Heirat, die Tugend, die Freundin, die Erfindung, und viele männliche und weibliche Fremdwörter, z. B., der Adjudant, der Kandidat, der Präsident; die Regel, die Person.

Zur *gemischten* Deklination gehören nur männliche und sächliche Wörter: z. B., der Mast, der Schmerz, der See, der Staat, das Auge, das Bett, das Hemd; ferner Fremdwörter : der Doktor, der Pastor.

Das deutsche Adjektiv nimmt nur dann eine Endung an, wenn es ein Hauptwort bestimmt (*modifies*).

	EINZAHL.	MEHRZAHL.
N.	der gute Vater	die guten Väter
G.	des guten Vaters	der guten Väter
D.	dem guten Vater	den guten Vätern
A.	den guten Vater.	die guten Väter.
N.	die grüne Wiese	die grünen Wiesen
G.	der grünen Wiese	der grünen Wiesen
D.	der grünen Wiese	den grünen Wiesen
A.	die grüne Wiese.	die grünen Wiesen.
N.	das scharfe Messer	die scharfen Messer
G.	des scharfen Messers	der scharfen Messer
D.	dem scharfen Messer	den scharfen Messern
A.	das scharfe Messer.	die scharfen Messer.

N.	ein guter Vater	eine grüne Wiese
G.	eines guten Vaters	einer grünen Wiese
D.	einem guten Vater	einer grünen Wiese
A.	einen guten Vater.	eine grüne Wiese.

N.	ein scharfes Messer
G.	eines scharfen Messers
D.	einem scharfen Messer
A.	ein scharfes Messer.

SECHSTE AUFGABE. — Setzt statt der Striche die Endungen. Der Bote gibt dem Man- ein- gross- Brief. Die Farbe dies- seiden- Bänd- ist schön. Wir sind im Winter in dem warm- Zimmer. Der träg- Ochse zieht den schwer- Wagen. Die fleissig- Biene giebt uns Wachs und Honig.

SIEBENTE LEKTION.

Das Haus. (*The house.*)

Das Stockwerk,	*the story.*	der Keller,	*the cellar.*
der Boden,	*the floor.*	der Hof,	*the yard.*
das Zimmer,	*the room.*	jeden Tag,	*every day.*
eine Küche,	*a kitchen.*	der Vermieter,	*the landlord.*
der Speisesaal,	*the dining hall.*	der Eigentümer,	*the proprietor.*
		der Mieter,	*the tenant.*
das Esszimmer,	*the dining room.*	der Mietvertrag,	*the lease.*
das Schlafzimmer,	*the bedroom.*	der Mietzins, die Miete,	} *the rent.*
die Vorhalle,	*the hallway.*	der Hauswärter, der Aufseher,	} *the janitor.*
der Saal,	*the hall, saloon.*	die Nummer,	*the number.*
der Salon,	*the parlor.*	das Schild, das Aushängeschild,	} *the sign.*
das Empfangszimmer,	} *the reception room.*	die Tapete,	*the wallpaper.*
das Badezimmer,	*the bathroom.*		

ein Haus in gutem Zustande, *a house in good condition.*
das Haus bedarf einer Reparatur, *the house needs repairing.*
seien Sie (sei) so gut, *be so kind (as), do me the favor (to).*
haben Sie die Güte, *have the kindness, oblige me (by).*

Wissen, *to know.*   **Treten,** *to tread.*
Müssen, *to be obliged, must.*

ich weiss, *I know;*	ich trete, *I tread;*	ich muss, *I must;*
du weisst	du trittst	du musst
er weiss	er tritt	er muss
wir wissen	wir treten	wir müssen
ihr wisst	ihr tretet	ihr müsst
sie wissen.	sie treten.	sie müssen.

Leseübung.

Frau Herzog sucht eine Wohnung an der Hofstrasse in München. Sie geht durch die Strasse und kommt vor das Haus, (mit der) Nummer 25. Hier sieht sie ein Aushängeschild :

„ Wohnung zu vermieten; möbliert oder unmöbliert. Auskunft (*information*) erteilt der Hauswärter."

Frau Herzog tritt ein (*enters*) und spricht mit dem Hauswärter, welcher gerade die Zeitung liest.

Frau H. — In welchem Stockwerke befindet sich die Wohnung, die Sie zu vermieten wünschen ?

Hauswärter. — Im zweiten.

Fr. H. — Wie viele Zimmer enthält sie?

H. — Sechs : eine Küche, ein Esszimmer, ein Empfangszimmer und drei andere Zimmer. Es gehören auch zwei Bedientenzimmer im fünften Stockwerke dazu, ferner ein Badezimmer und ein Keller.

Fr. H. — Wie viele Fenster hat die Wohnung ?

H. — Fünf Fenster gehen auf die Hofstrasse und vier auf den Hof.

Fr. H. — Seit wann ist die Wohnung leer (*vacant*)?

H. — Seit dem ersten April. Wollen Sie dieselbe sehen ?

Fr. H. — Kann ich sie sogleich sehen?

H. — Gewiss, Madame, wollen Sie nur die Güte haben mit mir hinauf zu gehen (*to go up stairs*).

Fr. H. — Bitte, sagen Sie mir vorher, wie hoch sich die Miete beläuft.

H. — 1,000 Mark unmöbliert, oder 1,500 Mark möbliert.

Frau Herzog geht mit dem Aufseher hinauf, um

die Wohnung anzusehen; sie findet, dass die Gemälde verblasst und die Tapeten verblichen sind.

H. — Wie gefällt Ihnen die Wohnung, gnädige (*gracious*) Frau?

Fr. H. — Sie ist nicht in gutem Zustande und bedarf einer durchgängigen Reparatur. Wissen Sie, ob der Eigentümer willens ist, solche machen zu lassen?

H. — Das weiss ich nicht, Madame, hierüber müssen Sie mit dem Eigentümer selbst sprechen.

Fr. H. — Kann ich ihn jetzt sprechen?

H. — Er wohnt nicht hier, aber er ist jeden Tag zwischen vier und sechs Uhr hier zu treffen (*may be seen*). Wenn Sie ihn selbst sehen wollen, so haben Sie die Güte heute Nachmittag um vier Uhr vorzusprechen (*to call*).

Fr. H. — Wissen Sie ob er einen Vertrag auf mehrere Jahre eingehen würde?

H. — Auch das weiss ich nicht; bisher (*until now*) wurde die Wohnung gewöhnlich von Jahr zu Jahr vermietet.

Fr. H. — Wo wohnt der Eigentümer?

H. — Grabenstrasse, Nummer 46. Sie können ihn dort jeden Vormittag von 11 bis Mittag antreffen.

Fr. H. — Danke bestens.

Sechszig (60), ein und sechszig (61), 62, 63, 64, 65, 66, 67, 68, 69, siebenzig (70).

Fragen und Antworten.

Wer sucht eine Wohnung? Wo sucht sie eine Wohnung? Wo sieht sie ein Aushängeschild? Was steht auf diesem Schilde? Womit ist der Hauswärter gerade beschäftigt (*busy*), als sie das Haus betritt? Mit wem spricht Frau Herzog? Was fragt sie den Aufseher? Aus wie vielen Zimmern besteht die Wohnung? Welches sind diese Zimmer? Ist auch ein Badezimmer da? Wie viele Bedientenzimmer giebt es? Sind diese in demselben Stockwerke? In welchem Stockwerke befinden sie sich? Gehen einige Zimmer nach der Hofstrasse? Wie viele? Wie viele schauen nach dem Hofe? Ist die Wohnung leer oder bewohnt? Seit wann ist sie leer? Will Frau Herzog die Wohnung sehen? Was fragt sie den Hauswärter, bevor sie hinaufgeht? Wie viel beträgt die Miete? Mit wem geht Frau Herzog hinauf, um die Wohnung anzusehen? Was sagt sie von den Gemälden und der Tapete? Weiss der Aufseher, ob der Eigentümer Reparaturen machen lassen will? Weiss er, ob der Eigentümer einen Vertrag auf mehrere Jahre eingehen würde? Auf wie lange Zeit werden Wohnungen gewöhnlich vermietet?

Zählt gefälligst von 60 bis 70.

Bildet Fragen zu den folgenden Antworten.

Was....? — Sie sucht eine Wohnung.

In welches....? — Sie tritt in das Hauss, Nummer 25 an der Hofstrasse.

Mit....? — Sie spricht mit dem Aufseher.

In welchem....? — Die Wohnung befindet sich im zweiten Stockwerke.

Wie....? — Sie hat drei Schlafzimmer.

Seit wann....? — Sie ist seit dem ersten April leer.

Will Frau Herzog....? — Ja, sie will die Wohnung sehen.

Wer....? — Der Aufseher geht mit ihr hinauf.

Sind....? — Nein, sie sind nicht mehr frisch.

Ist die Wohnung....? — Nein, sie ist nicht in gutem Zustande.

Wo....? — Der Eigentümer wohnt in der Grabenstrasse, N° 46.

Grammatik.

STEIGERUNG. (*Comparison.*)

POSITIV.	COMPARATIV.	SUPERLATIV.	
alt (*old*)	älter	ältest	der älteste.
jung (*young*)	jünger	jüngst	der jüngste.
klug (*clever*)	klüger	klügst	der klügste.
kurz (*short*)	kürzer	kürzest	der kürzeste.
lang (*long*)	länger	längst	der längste.

Man bildet den Komparativ und Superlativ gewöhnlich mit den Endungen **er** und **st** oder **est**; in einsilbigen Adjectiven wird der Stammvokal **a, o** und **u** in **ä, ö** und **ü** verwandelt.

Unregelmässige Steigerung.

POSITIV.	COMPARATIV.	SUPERLATIV.	
gross (*great*)	grösser	grösst	der grösste.
gut (*good*)	besser	best	der beste.
hoch (*high*)	höher	höchst	der höchste.
nah (*near*)	näher	nächst	der nächste.
viel (*much*)	mehr	meist	der meiste.

Adjective und Adverbien können im Positiv und Comparativ ohne Inflektion gebraucht werden; dem adverbialen Superlativ muss jedoch **am** (an dem) vorangehen, (der relative Superlativ): am schönsten (*most beautifully*), am höchsten, u. s. w. Der absolute Superlativ wird mit -**st** und auch durch Voransetzung von **aufs** (auf das) gebildet: gefälligst (*most obligingly*), gütigst; und : aufs ärmlichste, aufs beste, u. s. w. Um den Ausdruck zu verstärken, gebraucht man auch **aller** : allerliebst (*most charming*), allerbest (*the best of all*).

SECHSTE AUFGABE. — Beantwortet die folgenden Fragen:

Geht das Pferd schneller als der Mensch? Ist der Mensch grösser oder kleiner als das Pferd? Ist das Silber kostbarer als das Gold? Haben Sie eine Uhr? Ist sie von Gold, Silber oder Nickel? Geht sie gut? Geht sie vor oder nach? Wer reguliert die Uhr? Was essen Sie lieber, Äpfel oder Birnen, Apfelsinen (Orangen) oder Bananen? Sprechen Sie besser englisch als deutsch? Welche von jenen Früchten sind am besten? Welches ist die grösste Stadt Amerikas? Welche von diesen Federn sind die besten? Wie befinden Sie sich, mein Herr? Wie befindet sich Frau N.? Ist sie noch so leidend wie gestern?

Schreibt mit Buchstaben: 50, 51, 56, 57, 58, 59, 60.

ACHTE LEKTION.

Die Eisenbahn. (*The railroad.*)

Der Bahnhof, die Station,	the depot. the station.	der Schnellzug, der Expresszug,	the express train.
die Fahrkarte, das Billet,	the ticket.	der Personenzug,	the accomodation train.
das Gepäck,	the package.	der Wartesaal,	the waiting room.
der Koffer,	the trunk.		
das Übergewicht,	the overweight.	der Eisenbahnwagen,	the car.
der Gepäckschein,	the package ticket. the check.	eine Kutsche,	a carriage.
		eine Haltestelle,	a stopping place.
die Thür,	the door.		
der Fahrplan,	the time-table.	der Güterzug,	the freight train.
die Auskunft,	the information.		
es ist nötig,	it is necessary.	zu früh,	too early.
bezahlen,	to pay.	zu spät,	too late.
erhalten,	to receive.	fragen,	to ask.
ankommen,	to arrive.	abfahren, abreisen,	to depart.
rufen,	to call.		
eintragen, einschreiben,	to enter, check.	geben,	to give.
		ausrufen,	to call out.
das erste Mal,	the first time.	zurück geben,	to give back.

ich erhalte *I receive;*	ich gebe *I give;*	ich rufe aus *I call out;*
du erhältst	du giebst	du rufst aus
er erhält	er giebt	er ruft aus
wir erhalten	wir geben	wir rufen aus
ihr erhaltet	ihr gebt	ihr ruft aus
sie erhalten.	sie geben.	sie rufen aus.

Leseübung.

Herr und Frau Hirsch machen eine Reise über Strassburg nach der Schweiz. Sie nehmen in ihrem Dorfe eine Kutsche und kommen um neun Uhr morgens am Banhofe der Elsass-Lothringen Eisenbahn an. Es ist das erste Mal, dass sie eine grössere Reise machen. Herr Hirsch verlangt einen Fahrplan; allein dieser Fahrplan ist zu compliziert; er versteht ihn nicht; er sieht sich genötigt die Angestellten um Auskunft zu fragen. Er **knüpft** mit ihnen gewöhnlich das folgende Gespräch **an** (*begins*).

Herr Hirsch. — Um wie viel Uhr fährt der Zug nach Strassburg ab?

Angestellter. — Der Schnellzug fährt um zehn Uhr ab und der Personenzug um 25 Minuten nach 12 Uhr nachmittags.

H. H. — Ist das Billet-Bureau offen?

A. — Ja, mein Herr.

H. H. — Bitte, wo ist es?

A. — Die dritte Thüre rechts.

H. H. — Wie viel Zeit braucht man, um mit dem Schnellzug von hier nach Strassburg zu fahren?

A. — Elf Stunden.

H. H. — Der Zug kommt also um neun Uhr abends an. Das ist zu spät für das Abendessen. Auf welcher Station können wir speisen, wenn wir den Schnellzug nehmen?

A. — In X., wo der Zug um 20 Minuten nach 6 Uhr ankommt und sich 35 Minuten aufhält. Da befindet sich die beste Restauration der ganzen Linie.

Herr Hirsch dankt dem Angestellten und begiebt sich nach dem Bureau um seine Billete zu kaufen.

H. H. — Drei Billete erster Klasse nach Strassburg. Wie viel kosten sie?

A. — Hundert sechszehn Mark und vierzig Pfennige.

Herr Hirsch giebt dem Angestellten einen 200 Mark-Schein und erhält 83 Mark und 60 Pfennige zurück.

A. — Haben Sie Gepäck einzuschreiben (zu registrieren)?

H. H. — Ganz gewiss. Wo ist das Gepäck-Bureau, bitte?

A. — Hier, wo ist ihr Gepäck?

H. H. — Dort auf der Bank.

A. — Wie viele Stücke haben Sie?

H. H. — Drei Stücke: diese zwei Handkoffer und diesen Reisesack.

A. — Zeigen Sie mir gefälligst ihre Billete.

Herr Hirsch muss kein Übergewicht bezahlen; er erhält seinen Gepäckschein. — Er geht mit seiner Frau und Tochter nach dem Wartesaal der ersten Klasse. Ein Angestellter fragt nach den Billeten; sie treten ein. Einige Minuten nachher öffnet ein Angestellter die Thüre und ruft: Einsteigen! Die Familie Hirsch steigt ein; der Angestellte macht die Thüre zu und um zehn Uhr fährt der Zug ab.

Siebenzig (70), fünf und siebenzig (75), acht und siebenzig (78), achtzig (80).

Fragen und Antworten.

Mit wem macht Herr Hirsch eine Reise? Wohin gehen sie? Gehen sie nach der Eisenbahn zu Fuss? Gehen sie mit der Strassenbahn oder nehmen sie eine

Kutsche? Um wie viel Uhr kommen sie bei dem Banhofe an? Versteht Herr Hirsch den Fahrplan? Wen fragt er um Auskunft? Welches ist die erste Frage, die er an den Angestellten richtet? Was antwortet der Angestellte? Was fragt Herr Hirsch nachher? Um wie viel Uhr kommt der Zug in X. an? Wie lange dauert der Aufenthalt bei dieser Station? Ist die Restauration im Bahnhofe zu X. gut? Was für Billete kauft Herr Hirsch? Wie viel kosten die Billete? Wie viel Geld giebt Herr Hirsch dem Angestellten? Wie viel giebt ihm der Angestellte zurück? Hat Herr Hirsch Gepäck zu registrieren? Wie viele Stücke hat er? Welches sind seine drei Stücke? Muss er Übergewicht bezahlen? Wohin tritt er mit seiner Frau und seiner Tochter? Was ruft der Angestellte, wenn er die Thüre des Wartesaales öffnet?

Zählt von 70 bis 80.

(Erklärung der deutschen Geldwährung und Vergleichung mit dem Vereinigten Staaten Gelde).

Bildet die Fragen zu den folgenden Antworten.

....? — Sie machen eine Reise nach der Schweiz.
....? — Sie gehen über Strassburg.
....? — Ja, das Billet-Bureau ist offen.
....? — Der Zug kommt in Strassburg um 9 Uhr abends an.
...? — Die drei Billete kosten 116 Mark 40 Pfennige.
....? — Die drei Stücke sind: zwei Handkoffer und eine Reisetasche.
....? — Herr Hirsch tritt mit seiner Frau und seiner Tochter in den Wartesaal.
....? — Sie treten in den Wartesaal der ersten Klasse.
....? — Ein Angestellter macht die Wagenthür zu.
....? — Der Zug fährt um zehn Uhr ab.

Grammatik.

Das fragende Fürwort. (*Interrogative Pronoun.*)

Wer? *Who?*   Was? *What?*

Männlich. Weiblich.   Sächlich.

Wer?   Was?
wessen?   wessen?
wem?   (wem)?
wen?   was?

Es hat keine Mehrzahl.

Das bezügliche (relative) Fürwort.

Welcher, welche, welches. Der, die, das. *Who, which, that.*

EINZAHL.			MEHRZAHL.
Männlich.	Weiblich.	Sächlich.	
Welcher	Welche	Welches	Welche
dessen	deren	dessen	deren
welchem	welcher	welchem	welchen
welchen.	welche.	welches.	welche.

	EINZAHL.			MEHRZAHL.		
	Männlich.	Weiblich.	Sächlich.	Männlich.	Weiblich.	Sächlich.
N.	der	die	das		die	
G.	dessen	deren	dessen		deren	
D.	dem	der	dem		denen	
A.	den	die	das		die	

Welcher, welche, welches werden auch im fragenden Sinne gebraucht.

Nach einem bezüglichen Fürworte steht das Zeitwort am Ende des Satzes.

,,Wer" und ,,was" bedeuten oft auch : *he who, that which;* z. B., **Wer** nicht hören will, muss fühlen. *He who will not hear, must feel.*

PERSÖNLICHE FÜRWÖRTER. (*Personal Pronouns.*)

		EINZAHL.	MEHRZAHL.
ERSTE PERSON.	N.	ich (*I*)	wir
	G.	meiner	unser
	D.	mir	uns
	A.	mich.	uns.
ZWEITE PERSON.	N.	du (Sie)	ihr (Sie)
	G.	deiner (Ihrer)	euer (Ihrer)
	D.	dir (Ihnen)	euch (Ihnen)
	A.	dich (Sie).	euch (Sie).

		Männlich.	Weiblich.	Sächlich.	Männlich. Weiblich. Sächlich.
DRITTE PERSON.	N.	er	sie	es	sie
	G.	seiner	ihrer	(seiner)	ihrer
	D.	ihm	ihr	(ihm)	ihnen
	A.	ihn.	sie.	es.	sie.

(Siehe 4te Lektion.)

Beispiele

mit dem Dativ.
{ Er giebt mir, dir, ihm, ihr ein Buch.
He gives me, thee, him, her a book.
Er verzeiht uns, euch (Ihnen), ihnen.
He pardons us, you, them.

mit dem Accusativ.
{ Jener Mann kennt mich, dich, ihn, sie
That man knows me, thee, him, her.
Er liebt uns, euch (Sie), sie.
He loves us, you, them.

Die dritte Person, rückbezüglich, ist : sich, *himself, herself, itself, themselves.*

Z. B. : Er schneidet sich, *he cuts himself.*
Sie befleissigen sich, *they apply themselves, they endeavor.*

ACHTE AUFGABE. — Setzt die nötigen Fürwörter:

.... spricht mit dem Hauswärter? .... sucht Frau Herzog? Wo ist das Schild, ... Frau Herzog sieht? Wo ist die Wohnung, ... Frau Herzog ansieht? .... Zimmer sind im fünften Stockwerke? .... zeigt der Frau Herzog die Wohnung? .... sagt Frau Herzog von der Wohnung? .... fragt die Dame den Aufseher? Mit .... schreiben Sie Ihre Aufgabe, mit einer Feder oder mit einem Bleistifte? Von ... sprechen wir, von Kleidern oder von einer Wohnung? .... Adresse verlangt Frau Herzog von dem Aufseher?

Setzt in den folgenden Sätzen die deutschen statt der englischen Fürwörter :

Fräulein, ich spreche mit (*you*), hören Sie (*me*)? Hören Sie (*me*), wenn ich mit (*you*) spreche? Wie viel giebt der Angestellte dem Herrn Hirsch zurück? — Er giebt (*him*) drei und achtzig Mark zurück. Was müssen Herr und Frau Hirsch dem Angestellten zeigen? — Sie müssen (*their*) Billete vorzeigen. Wie fragt der Angestellte (*them*) um ihre Billete?—Er sagt zu (*them*): Zeigen (*you me*) Ihre Billete, bitte. Der Arzt ist hier, führen (*you him*) zu (*me*) herein. Wenn Frau N. in meiner Abwesenheit kommt, so sagen (*you her*), dass ich bald hier sein werde. Wenn Herr und Frau N. kommen, bitten (*you them*) ein wenig zu warten.

Schreibt mit Buchstaben : 31, 33, 35, 37, 39, 40, 51, 53, 55, 57, 59, 60.

NEUNTE LEKTION.

Die Post. (*The post-office.*)

Der Wagenschuppen, der Wagenstand,	the carriage stand.	die Visitenkarte,	the visiting card.
		eine Strasse,	a street.
		der Verkauf,	the sale.
die Lohnkutsche,	the cab.	die Briefmarke,	the postage stamp.
der Kutscher,	the coachman.	zur Rechten, rechts,	to the right.
ein Wagen,	a carriage.		
bei der Meile,	by the mile.	zur Linken, links,	to the left.
bei der Stunde,	by the hour.		
für die Fahrt,	for the trip.	genügen,	to suffice, be sufficient.
der Billetschalter, die Kasse,	the wicket, the ticket-office.		
		sich wenden,	to turn.
		sprechen,	to speak.
folgen,	to follow.	danken,	to thank.
zeigen,	to show.	warten,	to wait.
sich überzeugen,	to ascertain.	senden,	to send.
		denken,	to think.
erwarten,	to expect.	steigen,	to mount.
nehmen,	to take.	fahren,	to drive.

PRÄSENS.	IMPERFECTUM.	PERFECTUM.
ich warte, *I wait*.	ich wartete	ich habe gewartet
du wartest	du wartetest	du hast gewartet
er wartet	er wartete	er hat gewartet
wir warten	wir warteten	wir haben gewartet
ihr wartet	ihr wartetet	ihr habt gewartet
sie warten.	sie warteten.	sie haben gewartet.

PRÄSENS.	IMPERFECTUM.	PERFECTUM.
ich lobe, *I praise.*	ich lobte	ich habe gelobt
du lobst	du lobtest	du hast gelobt
er lobt	er lobte	er hat gelobt
wir loben	wir lobten	wir haben gelobt
ihr lobt	ihr lobtet	ihr habt gelobt
sie loben.	sie lobten.	sie haben gelobt.
ich steige, *I mount.*	ich stieg	ich bin gestiegen
du steigst	du stiegst	du bist gestiegen
er steigt	er stieg	er ist gestiegen
wir steigen	wir stiegen	wir sind gestiegen
ihr steigt	ihr stiegt	ihr seid gestiegen
sie steigen.	sie stiegen.	sie sind gestiegen.
ich helfe, *I help.*	ich half	ich habe geholfen
du hilfst	du halfst	du hast geholfen
er hilft	er half	er hat geholfen
wir helfen	wir halfen	wir haben geholfen
ihr helft	ihr halft	ihr habt geholfen
sie helfen.	sie halfen.	sie haben geholfen.
ich denke, *I think.*	ich dachte	ich habe gedacht
du denkst	du dachtest	du hast gedacht
er denkt	er dachte	er hat gedacht
wir denken	wir dachten	wir haben gedacht
ihr denkt	ihr dachtet	ihr habt gedacht
sie denken.	sie dachten.	sie haben gedacht.

Leseübung.

Herr Hirsch (zu einem Polizei-Diener).—Bitte, ist die Post weit von hier?

Polizei-Diener. — Nicht sehr weit, mein Herr, in acht oder zehn Minuten können Sie hinfahren, oder in zwanzig bis fünf und zwanzig Minuten zu Fuss hingehen.

Herr H. — Ich will zu Fuss hingehen; können Sie mir den Weg zeigen?

P. D. — Gehen Sie die Bahnhofstrasse entlang, welche Sie hier vor sich haben, bis Sie zum Grabenplatz kommen; dann wenden Sie sich links in die Breiten Gasse. Folgen Sie der Breiten Gasse bis zur Elisabethen Kirche. Rechts von der Kirche steht die Post.

Herr H. — Ich danke bestens. Da ich aber noch verschiedene Besuche zu machen habe, ziehe ich es doch vor eine Kutsche zu nehmen. Ist vielleicht ein Wagenstand in der Nähe.

P. D.—Dort unten an der Strassen-Ecke.

Herr H.— Ich danke.— Kutscher, ist Ihre Kutsche zu vermieten?

Kutscher. — Ja, mein Herr, steigen Sie nur gefälligst ein. Bezahlen Sie bei der Stunde oder bei der Meile?

Herr H. — Bei der Stunde. Bitte, zeigen Sie mir Ihre Nummer.

K. — Hier, mein Herr, wohin soll ich Sie fahren?

Herr H. — Fahren Sie zuerst nach der Post.

Bei der Post angekommen, steigt Herr Hirsch aus und geht nach dem Bureau für zurückbehaltene Briefe. Er spricht mit dem Angestellten.

Herr H. — Haben Sie Briefe unter der Adresse: Werner Hirsch, poste restante?

Angestellter. — Von woher erwarten Sie Briefe?

Herr H. — Von Hamburg, Berlin und Leipzig.

Ang. — Haben Sie eine Karte oder einen Brief mit Ihrer Adresse, um sich auszuweisen?

Herr H. — Briefe habe ich keine, allein hier ist meine Karte, ich kann Ihnen auch meine Papiere zeigen.

Ang. — Das ist nicht nötig, mein Herr, Ihre Karte genügt. Hier sind drei Briefe für Sie.

Herr H. — Ich danke bestens; wenn noch einige Briefe mit meiner Adresse poste restante kommen sollten, wollen Sie sie gefälligst nach dem Gasthofe zur Krone schicken.

Ang. — Das kann ich nicht thun, Sie müssen sich deswegen an den Postdirektor wenden. Doch, warten Sie, hier ist noch ein Brief von München mit der Adresse: A. W. Hirsch, ist er nicht auch für Sie?

Herr H. — Bitte, lassen Sie mich die Adresse sehen.— Nein, dieser Brief ist nicht für mich; ich kenne einen Herrn A. W. Hirsch, der sich augenblicklich in Stuttgart befindet; dieser Brief gehört wahrscheinlich ihm.

Herr H. (Zum Angestellten, welcher Briefmarken verkauft). — Geben Sie mir gefälligst fünf drei-Pfennig und sechs fünf-Pfennig Marken. Wie viel macht das?

Ang. — Fünf und vierzig Pfennige.

Herr Hirsch giebt dem Angestellten eine Mark und erhält fünf und fünfzig Pfennige zurück.

Er steigt wieder in die Kutsche und sagt zu dem Kutscher: „Tivoli Strasse, Nummer 42."

Fragen und Antworten.

Wen fragt Herr Hirsch, wo die Post ist? In welcher Zeit kann man dahin gehen? In welcher Zeit kann man hinfahren? Durch welche Strasse muss man gehen? Bis wohin muss man dieser Strasse folgen? Muss man sich bei der Grabenstrasse rechts oder links wenden? Durch welche Strasse muss man jetzt gehen? Bis wohin muss man die Breitengasse entlang gehen? Warum zieht es Herr Hirsch vor, eine Kutsche zu nehmen? Wo ist ein Wagenstand? Steht der Kutscher, an welchen sich Herr Hirsch wendet, zu diensten? Mietet (engagiert) Herr Hirsch die Kutsche bei der Stunde oder bei der Meile? Wohin heisst er den Kutcher fahren? An wen wendet sich Herr Hirsch auf der Post zuerst? Was fragt er den Angestellten? Was muss Herr Hirsch vorzeigen, um seine Person auszuweisen? Hat Herr Hirsch Briefe bei sich? Was giebt er dem Angestellten? Wie viele Briefe erhält Herr Hirsch? Was antwortet ihm der Angestellte, als Herr Hirsch ihn ersucht, seine Briefe nach dem Gasthofe zur Krone zu schicken? Ist der andere Brief, welchen der Angestellte ihm zeigt, für ihn? Wem gehört er wahrscheinlich? Kennt Herr Hirsch diesen Herrn? Ist der Name dieses Herrn wie der seinige geschrieben? Welches ist der Unterschied? Wie schreiben Sie Ihren Namen, Herr M.? Und Sie, wie schreiben Sie den Ihrigen? Wie schreibt Fräulein N. den ihrigen? Ist dieses mein Stuhl oder ist es der Ihrige? Ist es der Stuhl des Fräuleins, oder ist es nicht der ihrige? Wessen Handschuhe sind dies, die Ihrigen oder die meinigen? Haben die Damen die ihrigen (*theirs*)? Haben diese Herren die ihrigen (*theirs*)?

Bildet Fragen zu den folgenden Antworten.

Mit wem....? — Herr Hirsch spricht mit dem Angestellten.

Geht....? — Nein, er geht nicht zu Fuss dahin.

Wie....? — Er fährt in einer Kutsche hin.

Wo....? — Er nimmt eine Kutsche an der Strassen-Ecke.

Wie....? — Er mietet die Kutsche für die ganze Strecke.

Was....? — Er fragt ihn nach seiner Nummer.

Was....? — Der Kutscher fragt, wo er hinfahren soll.

Wohin....? — Er will zuerst auf die Post gehen.

Wo....? — Er steigt bei der Post aus.

Nach was....? — Er fragt den Angestellten nach zurückgelegten Briefen mit der Adresse:

W. Hirsch, poste restante.

Was....? — Er fragt ihn : haben Sie Briefe für mich?

Woher....? — Er erwartet Briefe von Hamburg, Berlin und Leipzig.

Sind....? — Ja, es sind welche für ihn da.

Wünscht....? — Nein, er wünscht seine Papiere nicht zu sehen.

Wohin....? — Er geht zum Briefmarkenschalter.

Wie viele....? — Er kauft elf.

Wie viel....? — Er giebt dem Angestellten eine Mark.

Wie viel....? — Der Angestellte giebt ihm fünf und fünfzig Pfennige zurück.

Zählen Sie gefälligst von 80 bis 90.

Grammatik.

Die zueignenden (*possessive*) Fürwörter, welche an der Stelle eines vorangegangenen Hauptwortes stehen, sind :

Männlich.	Weiblich.	Sächlich.	
der	die	das meinige,	*mine.*
der	die	das deinige,	*thine.*
der	die	das seinige,	*his.*
der	die	das ihrige,	*hers.*
der	die	das unsrige,	*ours.*
der	die	das eurige,	*yours.*
der	die	das Ihrige,	*yours.*
der	die	das ihrige,	*theirs.*

Diese Fürwörter haben das Geschlecht der Hauptwörter, auf welche sie sich beziehen. — Statt dieser Fürwörter sagt man auch :

Männlich.	Weiblich.	Sächlich.	
meiner,	meine,	meines,	*mine.*
deiner,	deine,	deines,	*thine.*
seiner,	seine,	seines,	*his.*
ihrer,	ihre,	ihres,	*hers.*
unserer,	unsere,	unseres,	*ours.*
euerer,	euere,	eueres,	*yours.*
Ihrer,	Ihre,	Ihres,	*yours.*
ihrer,	ihre,	ihres,	*theirs.*

Z. B. : Dieser Herr hat sein Billet, diese Dame hat das ihrige (ihres), dieses Fräulein hat das seinige (seines). Ist das mein Regenschirm (*umbrella*) oder der Ihrige (Ihrer)?

Die deutschen Zeitwörter lassen sich in zwei Klassen einteilen, *schwache* und *starke* Zeitwörter. Die *schwachen* Zeitwörter bilden das Präsens und das Imperfect nur durch Hinzufügen von Endungen, das Participium hat die Vorsilbe **ge**- und die Endung -**t**; z. B., loben, lobte, gelobt. Die *starken* Zeitwörter verändern im Imperfect den Stammvokal (häufig auch in der zweiten und dritten Person der Einzahl des Präsens); im Participium haben sie die Vorsilbe ge- und die Nachsilbe -en, einige wenige -t, z. B., sehen, ich sehe, du siebst, er sieht; ich sah, gesehen; denken, ich denke, dachte, gedacht.

NEUNTE AUFGABE. — Setzt an Stelle der englischen die deutschen Fürwörter :

Der Hut dieser Dame ist grün, (*mine*) ist blau. Ihr Kleid ist schwarz, (*mine*) ist grau. Ihre Handschuhe sind dunkel, (*mine*) sind braun. Mein Mantel ist von Sammt, (*hers*) ist von Pelz. Mein Überrock ist kurz, (*his*) ist lang. Meine Ärmel sind enge, (*yours*) sind weit. Meine Bücher sind auf dem Tische, (*yours*) sind auf dem Stuhle. Ihre Häuser sind gross, (*ours*) sind klein. Diese Fräulein haben ihre Hüte, diese Kinder haben (*theirs*). Wessen Bleifeder ist dieses ? — Es ist (*mine*), (*hers*), (*yours*).

Schreibt mit Buchstaben die Zahlen von achtzig bis neunzig.

ZEHNTE LEKTION.

Die Hitze und das Licht. (*Heat and light.*)

Die Sonne,	*the sun.*	die Heizung,	*the heating.*
der Mond,	*the moon.*	der Ofen,	*the stove.*
der Stern,	*the star.*	der Wärmeleiter,	*the heater.*
der Strahl,	*the ray.*	das Holz,	*the wood.*
das Licht,	*the light.*	die Kohle,	*the coal.*
eine Kerze,	*a candle.*	der Dampf,	*the steam.*
das Streichholz,	*the match.*	die Kühle,	*the coolness.*
die Beleuchtung,	*the lighting.*	die Kälte,	*the cold.*

Redensarten.

Es ist warm. Ist es warm? Es ist nicht warm, es ist kalt. Im Dezember beginnt bei uns der Abend um sechs Uhr nachmittags und die Dunkelheit dauert bis sechs Uhr morgens. Im Juni beginnt der Tag um fünf Uhr morgens und dauert bis sieben Uhr abends. Das Wetter ist schön, es ist weder kalt noch warm; es ist kühl.

	PRÄSENS.	IMPERFECTUM.	PERFECTUM.
Fallen, *to fall.*	ich falle	ich fiel	ich bin gefallen
	du fällst	du fielst	du bist gefallen
	er fällt	er fiel	er ist gefallen
	wir fallen	wir fielen	wir sind gefallen
	ihr fallt	ihr fielt	ihr seid gefallen
	sie fal'en.	sie fie'en.	sie sind gefallen.

	PRÄSENS.	IMPERFECTUM.	PERFECTUM.
Schreiben, to write.	ich schreibe du schreibst er schreibt wir schreiben ihr schreibt sie schreiben.	ich schrieb du schriebst er schrieb wir schrieben ihr schriebt sie schrieben.	ich habe geschrieben du hast geschrieben er hat geschrieben wir haben geschrieben ihr habt geschrieben sie haben geschrieben.
Heizen, to heat.	ich heize du heizest er heizt wir heizen ihr heizt sie heizen.	ich heizte du heiztest er heizte wir heizten ihr heiztet sie heizten.	ich habe geheizt du hast geheizt er hat geheizt wir haben geheizt ihr habt geheizt sie haben geheizt.

Leseübung.

Während des Tages fallen die Strahlen der Sonne auf die Erde; wir sagen dann: es ist Tag.

Während der Nacht senden der Mond und die Sterne ihr blasses Licht auf die Erde; man sagt dann: es ist Nacht.

Im Mai und Juni sind die Tage lang und die Nächte kurz; im November und Dezember dagegen sind die Nächte lang und die Tage kurz.

Wenn wir während der Nacht sehen, wenn wir lesen oder schreiben wollen, müssen wir künstliches Licht haben. Wir haben z. B. Gaslicht, Lampenlicht (Öllampe, Petroleum-Lampe), Kerzenlicht, oder elektrisches Licht.

Mit einem Streichholz zünden wir die Lampe, das Gas oder die Kerze an; ein elektrischer Strom giebt uns das elektrische Licht.

Wenn es Tag ist, sind die künstlichen Lichter nicht mehr nötig, wir löschen sie aus. Das Gas und das elektrische Licht werden bei der Beleuchtung von Städten gebraucht; Gas und Elektrizität geben ein gutes Licht.

Die Sonne giebt uns Licht; sie giebt uns auch Wärme. Im Sommer ist diese Wärme oft sehr gross; der Thermometer erreicht bisweilen hundert und mehr Grad. Dann ist das Wetter heiss, und wir sagen: es ist heute sehr heiss, (das Wetter ist heute sehr warm; unausstehlich warm).

Im Winter dagegen ist die Sonnenhitze nicht gross, sie ist gering und genügt uns nicht. Der Thermometer steht niedrig, er fällt bis zu 5, 10, 15 Grad unter Null; dann fühlen wir die Kälte, und wir sagen: es ist kalt.

Wenn es kalt ist, sehen wir uns genötigt, Feuer anzumachen, um unsere Zimmer zu erwärmen. Wir haben Feuer in den Kaminen und in den Öfen. Wir gebrauchen hierzu Papier, Holz und Kohle.

Das Gas, welches uns Licht giebt, kann uns auch Wärme geben. Dampf wird auch oft zur Heizung verwendet.

Der Frühling und der Herbst sind gemässigte Jahreszeiten; es ist dann weder zu warm, noch zu kalt, es ist kühl. Eine kühle Witterung ist angenehm. Die Kühle ist angenehmer als Hitze und Kälte.

Neunzig (90), ein und neunzig (91), zwei und neunzig (92), drei und neunzig (93), 94, 95, 96, 97, 98, 99, hundert (100).

Fragen und Antworten.

Ist es jetzt Nacht oder Tag? Sind die Tage im April länger als im Juni? Sind sie ebenso lang? Sind sie weniger lang? Ist das Licht des Mondes hinreichend, wenn wir bei Nacht lesen oder schreiben wollen? Was muss man zu diesem Zwecke haben? Was für künstliches Licht gebraucht man gewöhnlich? Mit was zündet man die Lampen, das Gas und die Kerzen an? Haben Sie ein Streichholz in der Tasche (bei sich)? Nehmen Sie eins von dem Kaminsims und zünden Sie es gefälligst an. Jetzt, da es angezündet ist, löschen Sie es aus. Ist es jetzt angezündet oder ausgelöscht? Was haben wir in unserm Empfangszimmer, eine Petroleum-Lampe, Gas oder ein Kerzenlicht? Warum zünden wir das Gas nicht um Mittag an? Warum zünden wir es um neun Uhr abends an? Welches Licht gebrauchen wir zur Beleuchtung von grossen Städten? Ist das elektrische Licht heller oder weniger hell als das Gaslicht? Ist es im Winter kalt in Kanada? Ist es im Sommer warm in Mexico? Ist es in Russland wärmer als in Frankreich? Ist es in England weniger warm als in Italien? Sind die nördlichen Länder wärmer oder kälter als die südlichen? Ist das Klima Englands sehr kalt, sehr warm, oder gemässigt? Haben Sie gern kaltes Wetter? Warmes Wetter? Kühles Wetter? Mit was machen wir Feuer an? Was haben Sie lieber, ein Feuer von Holz oder ein Kohlenfeuer?

Bildet Fragen zu den folgenden Antworten.

....? — Man zündet die Kerze mit einem Streichholz an?

....? — Man löscht das Licht aus, wenn der Tag anbricht.

....? — Ja, das Gas giebt ein gutes Licht.

....? — Die Sonne giebt uns Licht.

....? — Ja, es ist sehr warm, wenn der Thermometer bis zu 100 Grad steigt.

....? — Nein, die Wärme der Sonne ist im Winter nicht gross.

....? — Ja, die Sonnenwärme ist im Winter gering.

....? — Ja, es ist kalt, wenn der Thermometer bis 0 (Null) fällt.

....? — Nein, es ist im Winter nicht warm in Russland.

....? — Ja, es ist warm in Süd-Amerika.

....? — Ja, das Klima Frankreichs ist gemässigt.

....? — Wir wärmen die Zimmer, indem wir einheizen (ein Feuer anmachen).

....? — Wir heizen die Zimmer, wenn es kalt ist.

Zählt gefälligst von 90 bis 100.

Grammatik.

IDIOMATISCHE AUSDRÜCKE :

Ich bin es,	*it is I.*	wir sind es,	*it is we.*
er (sie, es) ist es,	*it is he (she, it).*	Sie sind es,	*it is you.*
		Sie waren es,	*it was you (they).*
ich war es,	*it was I.*	sind wir es?	*is it we?*
bin ich es?	*is it I?*	sind Sie es?	*is it you?*
ist er es?	*is it he?*		

Z. B. : Wer sind jene beiden Damen? — Es sind meine Schwestern. — Sie sind es, der mir diese fröhliche Nachricht gebracht hat.

Das unpersönliche **man** wird gebraucht, wenn das Subjekt des Satzes ganz unbestimmt ist; es entspricht dem englischen *one, they, people,* wie in den folgenden Redensarten : *one says, people say, they say, it is said;* auf deutsch: man sagt.

Die englische Präposition *to* vor Namen von Städten, Ländern, etc., wird im Deutschen mit **nach** übersetzt, *at* oder *in* mit **in**, *from* mit **von** oder **aus**, z. B.: ich gehe nach Deutschland, Frankreich, Italien, Spanien. Wir reisen nach Japan, China, Indien, Kanada, Peru, Brasilien, Mexico. Der Mann reist nach Wien, Berlin, München, Bern. Mein Bruder kommt von Paris, Wien, Berlin. Mein Vater lebt in der Schweiz und zwei Brüder in Deutschland. Jene Reisenden sind aus Deutschland. Ich gehe nach den Vereinigten Staaten, mein Bruder ist in den Vereinigten Staaten.

ZEHNTE AUFGABE. — Setzt statt der Striche man und statt der Punkte die richtigen Präpositionen.

— sagt, dass es diesen Winter .... Frankreich ungewöhnlich kalt ist, namentlich .... Paris. — sagt dass .... Brasilien eine Revolution ausgebrochen ist. Mein Freund bringt den Winter ... Italien zu. Mit was macht — Feuer an? — macht Feuer an mit Holz oder Kohle. Das Englische, welches — in England spricht, ist ein wenig verschieden von dem, welches — in den Vereinigten Staaten spricht.

Schreibt mit Buchstaben : 20, 30, 40, 50, 60, 70, 80, 90, 100.

ELFTE LEKTION.

In einem Gasthofe. (*In a hotel.*)

Der Fahrpreis,	*the fare,*	die Dauer,	*the duration.*
der Kellner,	*the waiter.*	der Aufenthalt,	*the stay.*
das Trinkgeld,	*the fee (tip).*	mit Vergnügen,	*with pleasure.*
das Bureau,	*the office.*	wegen,	*on account of.*
der Geschäfts-	} *the manager.*	seit gestern,	*since yesterday.*
führer,		während,	*during.*
der Preis,	*the price.*	gedenken,	*to intend.*
die Aussicht,	*the sight, view.*		

Bleiben, *to stay.* Bringen, *to bring.* Begreifen, *to understand.*

PRÄSENS.

ich bleibe	ich bringe	ich begreife
du bleibst	du bringst	du begreifst
er bleibt	er bringt	er begreift
wir bleiben	wir bringen	wir begreifen
ihr bleibt	ihr bringt	ihr begreift
sie bleiben.	sie bringen.	sie begreifen.

IMPERFECTUM.

ich blieb	ich brachte	ich begriff
du bliebst	du brachtest	du begriffst
er blieb	er brachte	er begriff
wir blieben	wir brachten	wir begriffen
ihr bliebt	ihr brachtet	ihr begrifft
sie blieben.	sie brachten.	sie begriffen.

PERFECTUM.

ich bin geblieben,	du bist geblieben, u. s. w.
ich habe gebracht,	du hast gebracht, u. s. w.
ich habe begriffen,	du hast begriffen, u. s. w.

PRÄSENS.

müssen.	lesen.	helfen.
(siehe Lektion VII.)	(Lektion V.)	(Lektion IV.)

IMPERFECTUM.

ich musste	ich las	ich half
du musstest	du lasest	du halfst
er musste	er las	er half
wir mussten	wir lasen	wir halfen
ihr musstet	ihr last	ihr halft
sie mussten.	sie lasen.	sie halfen.

PERFECTUM.

ich habe müssen (gemusst), du hast müssen, u. s. w.
ich habe gelesen, du hast gelesen, u. s. w.
ich habe geholfen, du hast geholfen, u. s. w.

Leseübung.

Herr und Frau Günther kommen mit ihren Kindern von Hamburg. Sie halten um zwanzig Minuten nach sechs Uhr am Hannöverschen Bahnhof in Berlin. Sie nehmen eine Droschke erster Klasse. Herr Günther sagt zum Kutscher: "Zum Kaiserhof!"

Beim Gasthof angekommen, steigen sie aus; die Kellner kommen, ihr Gepäck in Empfang zu nehmen. "Wie viel bin ich schuldig?" fragt Herr Günther den Kutscher.

— Zwei Mark fünfzig Pfennige.

— Der Fahrpreis beträgt nur eine Mark fünfzig Pfennige.

— Ja, mein Herr, aber die zwei Kisten kosten auch eine Mark.

Herr Günther bezahlt die zwei Mark und fünfzig

Pfennige und giebt dem Kutscher noch obendrein ein Trinkgeld. Er geht ins Bureau des Gasthofes und spricht mit dem Geschäftsführer.

— Haben Sie leere Zimmer?

— Ja, mein Herr, wie viele wünschen Sie?

— Wir gebrauchen drei, ein Empfangszimmer und zwei Schlafzimmer.

— Wir haben gerade zwei Empfangszimmer mit je zwei Schlafzimmern leer; sie sind seit gestern unbesetzt.

— In welchem Stockwerke sind sie?

— Das eine Empfangszimmer mit den beiden Schlafzimmern ist im zweiten, das andere im dritten Stock.

— Welches ist der Preis?

— Die Wohnung im zweiten Stockwerke kostet zwanzig Mark per Tag und die im dritten dreissig Mark.

— Warum sind die Zimmer im dritten Stock teurer als die im zweiten?

— Die Zimmer im zweiten Stock gehen nach dem Hofe, während die Zimmer im dritten Stock nach dem Ziethen-Platze gehen; und diese sind deshalb teurer.

— Ich begreife. Sind die Zimmer gross?

— Diejenigen im dritten Stocke sind grösser als die im zweiten.

— Wollen Sie mir die Zimmer gefälligst zeigen?

— Mit Vergnügen, mein Herr. Wollen die Dame und die Kinder gefälligst in den Saal eintreten, bitte!

— Kellner, zeigen Sie dem Herrn Nummer 64 und 94. (Nach dem Besuch.) Welche Zimmer wählen Sie, mein Herr?

— Die im dritten Stocke wegen der Aussicht auf den Ziethenplatz. Lassen Sie das Gepäck hinauf bringen.

— Gedenken Sie längere Zeit hier zu logieren.

— Wir gedenken zwei oder drei Wochen in Berlin zu bleiben; ich will jedoch keine Verpflichtung betreffs der Dauer meines Aufenthaltes im Gasthofe eingehen.

Hundert (100), hundert und eins (101), 102, 103, 104, 105, 106, 107, 108, 109, 110.

Fragen und Antworten.

Woher kommt die Familie Günther? Auf welchem Banhofe kommen Herr und Frau Günther mit ihren Kindern an? Um wie viel Uhr? In welchem Gasthofe steigen sie ab? Wie viel verlangt der Kutscher? Wie viel beträgt der Fahrpreis? Warum verlangt der Kutscher zwei Mark fünfzig Pfennige? Wie viel beträgt der Fahrpreis für das Gepäck? Wie viel giebt Herr Günther dem Kutscher als Trinkgeld? Mit wem spricht er im Bureau des Gasthofes? Was für Zimmer wünscht er? Sind im Gasthofe Zimmer zu vermieten? Wie viel verlangt der Geschäftsführer für die Zimmer im zweiten Stock? Wie viel für die im dritten Stock? Warum macht er einen solchen Unterschied im Preise? Sind die Zimmer des zweiten Stockes so gross als die im dritten? Welche Zimmer besieht Herr Günther? Begleitet ihn seine Frau? Wählt Herr Günther die Zimmer im zweiten oder die im dritten Stockwerke? Warum zieht er diese vor? Wie lange gedenkt die Familie in Berlin zu bleiben?

Bildet Fragen zu den folgenden Antworten.

....? — Sie kommt mit dem Zuge um zwanzig Minuten nach sechs Uhr an.

....? — Die Familie Günther kommt von Hamburg.

....? — Er beauftragt den Kutscher, nach dem Kaiserhof zu fahren.

....? — Er giebt ihm zwei Mark fünfzig Pfennige.

....? — Die einen Zimmer sind im zweiten, die andern im dritten Stockwerke.

... ? — Nein, sie kosten nicht gleich viel.

....? — Es ist ein Unterschied von zehn Mark.

....? — Sie sind teurer, weil sie eine Aussicht auf den Ziethen-Platz haben?

....? — Ein Kellner begleitet ihn.

....? — Die Aussicht gefällt ihm sehr gut.

....? — Der Kaiserhof ist am Ziethen-Platz.

....? — Ja, das ist ein sehr respektabler Gasthof und sehr gut gelegen.

Zählt gefälligst von 50 bis 70.

Grammatik.

Derjenige (der, dieser), *that*, *this*,—männlich,
Diejenige (die, diese), *that*, *this*,—weiblich,
Dasjenige (das, dieses), *that*, *this*,—sächlich,
beziehen sich auf ein vorhergehendes Hauptwort, z. B.: Welches ist der Preis der beiden Wohnungen? — Die (diejenige) des zweiten Stokes kostet zwanzig Mark und diejenige (die) des dritten dreissig Mark. Hier ist mein Gepäck und das (dasjenige) meines Sohnes.

Man gebraucht anstatt des einfachen *dieser* und *jener*, auch oft *dieser hier* und *jener dort*. (*This here and that there.*) z. B., Dieses Buch (hier) gehört meinem Bruder, jenes (dort) gehört meiner Schwester. Öffnen Sie dieses Fenster (hier) und schliessen Sie jenes (dort). Wollen Sie diese Handschuhe hier? Geben Sie mir nicht diese hier, geben Sie mir jene dort. Hier sind zwei Armbänder, ein goldenes und ein silbernes; jenes ist viel teurer als dieses.

ELFTE AUFGABE. — Setzt statt der Striche die notwendigen Fürwörter.

Meine Wohnung ist grösser als — meines Bruders; die meinige hat fünf Zimmer, — meines Bruders hat nur vier. Unser Speisezimmer ist nicht so gross als — unserer Schwester; das unsrige ist viereckig, — unserer Schwester ist länger als breit. Die Gasthöfe in New York sind bequemer als — von Paris, aber die von Paris sind nicht so teuer als — von New York. Die Strassen von Paris sind lebhafter als — von New York.

Was kosten dieses seidene und jenes wollene Kleid? — — kostet zwanzig Mark, und — — fünf und dreissig Mark. Welches ist der Preis dieser Handschuhe mit zehn Knöpfen und jener mit vier? — — kosten zwei Mark fünfzig Pfennige, — — vier Mark fünf und zwanzig Pfennige.

Schreibt mit Buchstaben die Zahlen von 90 bis 100.

ZWÖLFTE LEKTION.

In einer Restauration.

Die Speisekarte,	the bill of fare.	grüne Erbsen,	green peas.
		grüne Bohnen,	green beans.
eine Auster,	an oyster.	der Wein,	the wine.
die Suppe,	the soup.	der Bordeaux (Wein),	claret.
der Fisch,	the fish.		
das Geflügel,	the fowl.	der Burgunder (Wein),	Burgundy wine.
der Salat,	the lettuce.		
das Eiswasser,	the icewater.	eine Wasserflasche,	a decanter.
die Birne,	the pear.		
das Gemüse,	the vegetable.	in Eile sein,	to be in a hurry.
beabsichtigen,	to intend.	essen,	to eat.
würzen,	to spice.	speisen,	
tragen,	to carry.	bestellen,	to command.
nehmen,	to take.	scheinen,	to shine.
sich bedienen,	to help one's self.	es scheint,	it seems.
		betragen,	to amount to.

Sich bedienen, *to help one's self.*
Sich betragen, *to behave.*

PRÄSENS.

ich bediene mich
du bedienst dich
er bedient sich
wir bedienen uns
ihr bedient euch
sie bedienen sich.

IMPERFECTUM.

ich bediente mich
du bedientest dich
er bediente sich
wir bedienten uns
ihr bedientet euch
sie bedienten sich.

PRÄSENS.

trinken, *to drink;*	nehmen, *to take;*	essen, *to eat;*
(Lektion III.)	(Lektion III.)	(Lektion III.)

IMPERFECTUM.

ich trank	ich nahm	ich ass
du trankst	du nahmst	du assest
er trank	er nahm	er ass
wir tranken	wir nahmen	wir assen
ihr trankt	ihr nahmt	ihr asset
sie tranken.	sie nahmen.	sie assen.

PERFECTUM.

ich habe **getrunken**, du hast getrunken, u. s. w.
ich habe **genommen**, du hast genommen, u. s. w.
ich habe **gegessen**, du hast gegessen, u. s. w.

PRÄSENS.

sehen, *to see;*	sprechen, *to speak;*	tragen, *to carry;*
(Lektion III.)	(Lektion III.)	(Lektion III.)

IMPERFECTUM.

ich sah	ich sprach	ich trug
du sahst	du sprachst	du trugst
er sah	er sprach	er trug
wir sahen	wir sprachen	wir trugen
ihr saht	ihr spracht	ihr trugt
sie sahen.	sie sprachen.	sie trugen.

Leseübung.

Zwei Freunde, Herr A. und Herr B. befinden sich in Strassburg, wo sie einige Wochen zu bleiben beabsichtigen. Eines Tages nehmen sie eine Loge im deutschen Theater, wo ein Lustspiel von G. aufgeführt wird. Bevor sie ins Theater gehen, treten sie in eine Restauration um zu speisen.

Es ist sieben Uhr abends, und der grosse Speisesaal ist mit Leuten angefüllt. Sie begeben sich an einen unbesetzten Tisch, welchen der Kellner ihnen zeigt.

Herr A. — Kellner, bitte geben Sie uns die Speisekarte.

Kellner. — Hier, mein Herr, wünschen die Herren Austern? Sie sind ganz frisch und sehr gut.

Herr B. — Ja, bringen Sie uns zwei Dutzend Ostend-Austern.

Kellner. — Was für Suppe wünschen Sie?

Herr A. — Essen Sie gern Fleischbrühe mit Gemüse, Herr B.?

Herr B. — Ich verstehe mich hierauf nicht; was für Suppe ist das?

Herr A. — Es ist eine Suppe, welche aus verschiedenen Gemüsen zubereitet wird (*is*). Man sagt, dass man in dieser Restauration eine vorzügliche Gemüsesuppe isst.

Herr B. — Bestellen wir Gemüsesuppe für eine Person.

Herr A. — Nach den Austern eine Portion Gemüsesuppe. — Haben Sie gern Fisch?

Herr B. — Das ist unnötig, wir haben Austern. Ich schlage gebratenes Geflügel und Salat vor, das scheint mir genug zu sein.

Herr A. — Ich glaube es auch; übrigens bin ich nicht sehr hungrig. — Kellner, nach der Suppe bringen Sie uns gebratenes Geflügel und gut gewürzten Salat?

Kellner. — Wünschen die Herrn kein Gemüse? Wir haben grüne Erbsen und Bohnen; sie sind sehr zart.

Herr B. — Nein, das ist genug.

Kellner. — Was für Wein wünschen die Herren, weissen oder roten?

Herr B. — Welchen Wein haben Sie lieber, Burgunder oder Bordeaux?

Herr A. — Ich weiss, dass man hier sehr guten Burgunder trinkt; bestellen wir eine Flasche Pomard.

Herr B. — Bringen Sie uns eine Flasche Pomard und Eiswasser.

Kellner. — Wünschen die Herren Nachtisch?

Herr A. — Bringen Sie uns zwei Birnen und nachher zwei Tassen Kaffee und gute Cigarren. Bedienen Sie uns schnell, bitte, wir sind in Eile.

Kellner. — Schön, meine Herren, ich werde Sie sofort bedienen.

Herr A. — Kellner, machen Sie unsere Rechnung.

Der Kellner bringt die Rechnung; sie beträgt vier Mark. Herr A. bezahlt sie und giebt dem Kellner zwanzig Pfennige Trinkgeld.

112, 113, 114, 115, 116, 117, 118, 119, 120.

Fragen und Antworten.

Wo befinden sich die Herren A. und B.? Wie lange gedenken sie in dieser Stadt zu bleiben? In welches Theater wollen sie gehen? Was für einen Platz haben sie genommen? Was soll aufgeführt werden? Was wollen die beiden Herren thun, bevor sie ins Theater gehen? Wohin gehen sie um zu speisen? Sind sie allein in der Restauration? Was bestellt Herr A. zuerst? Was offeriert ihnen der Kellner? Bestellen sie Austern? Wie manches Dutzend bestellen sie? Was für Suppe bestellen sie? Bestellen sie Suppe für eine oder für zwei Personen? (Bestellen sie eine oder zwei Portionen Suppe?) Essen sie Fisch? Was bestellen sie nach der Suppe? Was bestellen sie mit dem Geflügel? Herr M., wissen Sie, womit man den Salat würzt? Gewiss weiss ich es. Womit? Können Sie es auf deutsch sagen? Wissen Sie vielleicht die Wörter nicht? Was heisst *oil* auf deutsch? *Oil* heisst " Öl "; *vinegar* heisst " Essig "; *salt* heisst " Salz "; *pepper* heisst " Pfeffer ". Nun gut, womit würzt man den Salat? Essen Sie gern Gemüse? Was bestellen A. und B. zum Nachtisch? Bestellen sie noch etwas nach den Birnen? Was kostet das Essen? Wer bezahlt es?

Bildet die Fragen zu den folgenden Antworten.

....? — Sie befinden sich in Strassburg.
....? — Sie gedenken einige Wochen dort zu bleiben.
....? — Sie treten in eine Restauration.
....? — Um 7 Uhr abends gehen sie in die Restauration.
....? — Sie bestellen roten Wein.
....? — Nein, Fisch bestellen sie nicht.
....? — Nach der Suppe bestellen sie Geflügel.
....? — Man würzt den Salat mit Öl, Essig, Pfeffer und Salz.
....? — Er offeriert ihnen grüne Bohnen und Erbsen.
....? — Sie bestellen Birnen zum Nachtisch.
....? — Sie wollen sofort bedient werden, weil sie in Eile sind.

Bitte, zählen Sie von 70 bis 80.

Grammatick.

IDIOMATISCHE AUSDRÜCKE :

Hungrig sein, oder Hunger haben, *to be hungry.*
Ich bin sehr hungrig; ich habe Hunger, *I am hungry.*
Durstig sein, Durst haben, *to be thirsty.*
Er ist durstig, er hat Durst, ihn dürstet, *he is thirsty.*

Sie fürchtet sich, sie hat Furcht, *she is afraid.*
Recht haben, *to be right;* Unrecht haben, *to be wrong.*
Ich habe Recht, *I am right;* ich habe Unrecht, *I am wrong.*
Wie alt ist er? *How old is he?*
Sich schämen, *to be ashamed.*
Ich schäme mich, *I am ashamed.*
Lust haben, *to be inclined.*
Er bedarf, er hat nötig, er braucht, *he needs.*
Schläfrig sein, *to be sleepy.*
Ich bin schläfrig, *I am sleepy.*
Frieren, *to be cold.*
Mich friert, *I am cold.*
Uns friert, es friert uns, *we are cold.*
Ihnen ist warm, *you are warm.*
Mir ist warm. *I am warm.*

Männliche und sächliche Hauptwörter, welche ein Mass, ein Gewicht oder eine Zahl bezeichnen, stehen in der Einzahl, wenn ein Zahlwort vorangeht; die Präposition *of* wird nicht übersetzt; z. B., Fünf Fuss lang; vier Zoll (*inches*) breit; zwanzig Grad Kälte; drei Pfund Zucker (*three pounds of sugar*); zwei Paar Schuhe (*two pair of shoes*); zwei Dutzend Austern (*two dozen of oysters*); ein Stück Brot, (*a piece of bread*); fünf hundert Mann Infanterie (*five hundred foot-soldiers*).

Die Namen der Jahreszeiten und Monate haben den Artikel, ebenso die Tage der Woche, wenn sie von einem Adjektive oder von der Präposition an begleitet sind. Wenn ein Gemeinname (*common noun*) in der Einzahl die Bedeutung der Mehrzahl hat, muss er von dem Artikel begleitet sein, z. B. : Hat der Fuchs ein Gewissen? Nein, der Fuchs hat kein Gewissen. Der Mensch ist sterblich.

Bei Angabe des Preises einer Waare gebraucht man im Deutschen den bestimmten Artikel, z. B.: drei Schillinge das Pfund.

Wenn mehrere Hauptwörter auf einander folgen, so muss der Artikel wiederholt werden, wenn sie in der Einzahl stehen, nicht bei Hauptwörtern in der Mehrzahl, z. B.: das Messer und die Gabel, der Löffel und der Teller. Die Messer und Gabeln, die Löffel und Teller.

ZWÖLFTE AUFGABE. — Setzt statt der Striche die notwendigen Wörter:

Ist dieser Mann hungrig? Ja, er — —, geben Sie ihm — — Brot und einen Teller gute Suppe. Sind diese Kinder durstig? Ja, sie — —, geben Sie ihnen ein — Wasser, geben Sie ihnen keinen Wein. Was brauchen Sie? Ich — ein Wörterbuch. Wo haben Sie Lust hinzugehen? Ich — — ins Konzert zu gehen: es sind vorzügliche Künstler hier. Wer hat Recht, Herr A. oder Herr B.? Ich glaube Herr A — — und Herr B. — —. Friert es diese jungen Damen? Nein, es friert sie nicht, im Gegenteil es ist ihnen warm. Sind Sie schläfrig, mein Fräulein? Nein, ich — — —. Wie alt sind ihre Vettern? Der eine ist vier, der andere sechs Jahre alt.

Schreibt mit Buchstaben: 70, 71, 72, 73, 74, 75, 76.

DREIZEHNTE LEKTION.

In einem Laden. (*In a store.*)

Ein Einkauf,	*a purchase.*	die Schattierung,	*the shade.*
die Zeichnung,	*the design.*	hell,	*light.*
das Muster,	*the pattern.*	dunkel,	*dark.*
das Tuch, der Stoff,	*the cloth.*	ein Kleid,	*a dress.*
Seidenwaren,	*silkgoods.*	der Ladentisch,	*the counter.*
einfach,	*plain.*	die Treppe,	*the staircase.*
gestreift	*striped.*	die Haut,	*the skin.*
karriert,	*plaid.*	der Meter,	*the meter.*
die Breite,	*the width.*	weich,	*soft.*
das Bündel,	*the parcel.*		
wert sein,	*to be worth.*	gefallen,	*to please.*
nähen,	*to sew.*	missfallen,	*to displease.*
kaufen,	*to buy.*	wegtragen,	*to carry away.*
bitten,	*to beg.*	falten,	*to fold.*
beten,	*to pray.*	weisen,	*to show.*

Es gefällt mir, dir, ihm, ihr, uns, euch, ihnen.
It pleases me, you, him, her, us, you, them.

PRÄSENS.

ich gefalle, *I please;*	ich bitte, *I beg;*	ich bete, *I pray.*
du gefällst	du bittest	du betest
er gefällt	er bittet	er betet
wir gefallen	wir bitten	wir beten
ihr gefallt	ihr bittet	ihr betet
sie gefallen.	sie bitten.	sie beten.

IMPERFECTUM

ich gefiel	ich bat	ich betete
du gefielst	du batest	du betetest
er gefiel	er bat	er betete
wir gefielen	wir baten	wir beteten
ihr gefielt	ihr batet	ihr betetet
sie gefielen.	sie baten.	sie beteten.

Leseübung.

Frau Herder tritt in einen Modeladen, um einige Einkäufe zu besorgen. Sie will zwei Kleider und mehrere Paar Handschuhe kaufen. Man weist sie zu dem Ladentisch für Seidenwaaren. Sie begiebt sich dahin und spricht mit einem Ladenfräulein (Verkäuferin).

Frau Herder. — Bitte, mein Fräulein, zeigen Sie mir Seide zu einem Kleide.

Fräulein. — Was für eine Farbe und Zeichnung wünschen Sie?

Frau H. — Ich wünsche einfarbige Seide; zeigen Sie mir welche in grün, blau und braun.

Fräulein. — Hier sind schöne Schattierungen für einfarbige Kleider.

Frau H. — Was kostet diese dunkelblaue Seide?

Fräulein. — 8 Mark 50 Pfennige der Meter.

Frau H. — Das ist zu teuer für mich. Haben Sie hellere Seide und zu billigerem Preise.

Fräulein. — Gewiss, werte Frau. Diese Seide hier ist nicht so dunkel und nicht so teuer, sie kostet nur 6 Mark 25 Pfennige der Meter.

Frau H. — Aber ist die Qualität auch gut?

Fräulein. — O ja, alle unsere Seidenwaren werden

speziell für unser Haus fabriziert, sie sind ausgezeichnet.

Frau H. — Wie viel gebrauche ich zu einem Kleide?

Fräulein. — 15 bis 16 Meter.

Frau H. — Geben Sie mir 16 Meter von dieser grünen Seide. — Zeigen Sie mir gefälligst den Ladentisch für Wollenwaren.

Fräulein. — Er ist ganz hinten im Laden; kommen Sie mit mir, bitte.

Frau H. — Danke, mein Fräulein.

Frau H. — Zeigen Sie mir gefälligst Wollenstoff zu einem Kleide, Fräulein.

Fräulein. — Dieser Stoff hier ist ganz neu und sehr hübsch.

Frau H. — Karrierte Stoffe gefallen mir nicht, zeigen Sie mir welche mit schmalen Streifen.

Fräulein. — Wie gefällt Ihnen dieser Stoff mit blauen und braunen Streifen?

Frau H. — Welches ist der Preis?

Fräulein. — 8 Mark 65 Pfennige per Meter. Alle diese Stoffe haben denselben Preis und sie sind alle einen Meter und 20 Centimeter breit. 8 Meter sind hinreichend zu einem Kleide.

Frau H. — Diese breiten, blauen Streifen gefallen mir nicht; geben Sie mir 8 und einen halben Meter von diesem Stoffe mit den kleinen, grünen und braunen Streifen.

Fräulein. — Wohin soll ich Ihnen die Waren senden, gnädige Frau?

Frau H. — Frau Herder, Hotel Continental, Zimmer Nummer 25.

Fräulein. — Wollen sie sogleich bezahlen?

Frau H. — Nein, ich ziehe es vor bei Ablieferung der Waren zu bezahlen. — Bitte, zeigen Sie mir den Tisch für Handschuhe.

Fräulein. — Ja, werte Frau, dort am Fusse der Treppe.

Frau H. — Zeigen Sie mir gefälligst Glacéhandschuhe.

Fräulein. — Welche Nummer wünschen Sie?

Frau H. — Sechs und drei Viertel.

Fräulein. — Wie gefallen Ihnen diese hier?

Frau H. — Was kosten sie?

Fräulein. — Die mit acht Knöpfen kosten vier Mark, die andern drei Mark fünfzig Pfennige. Fühlen Sie, wie weich das Leder ist; auch sind sie sehr gut genäht.

Frau H. — Geben Sie mir diese zwei Paar zu drei Mark fünfzig Pfennigen und diese zwei Paar zu vier Mark.

Fräulein. — Schön, werte Frau. — Sie faltet die Handschuhe, macht ein Päckchen und überreicht es der Frau Herder, welche ihr fünfzehn Mark giebt.
120, 130, 140, 150.

Fragen und Antworten.

In was für einen Laden tritt Frau Herder? Warum geht sie in diesen Laden? Was will sie kaufen? Zu welchem Ladentisch geht sie zuerst? Was für Seide will sie sehen, einfarbige, gestreifte oder karrierte? Was kostet die dunkelgrüne Seide, welche man ihr zeigt? Ist Frau Herder willens acht Mark fünfzig Pfennige per Meter zu bezahlen? Nach was fragt sie? Wie viel kostet die Seide, die man ihr nachher zeigt? Ist diese Seide heller oder dunkler als die erste? Welches ist der Unterschied im Preise? Kauft Frau Herder die erste oder die zweite? Wie viel kauft sie? Ist das genügend zu einem Kleide? Will Frau Herder nicht noch etwas kaufen? Gefallen ihr die karrierten Stoffe? Was für Wollenstoff kauft sie? Wie viele Meter kauft sie? Wie viel gebraucht sie zu einem Kleide? Nimmt Frau Herder die Ware selbst mit? Wohin lässt sie dieselben schicken? Wann zieht sie vor zu bezahlen? Wo ist der Ladentisch für Handschuhe? Will Frau Herder Handschuhe von schwedischem Leder oder Glacéhandschuhe kaufen? Welche Handschuhe wählt sie? Wie viel Paar kauft sie? Wie viel bezahlt sie für die vier Paar Handschuhe? Nimmt sie das Päckchen oder lässt sie es sich schicken?

Bildet Fragen zu den folgenden Antworten.

Wer....? — Frau Herder.

Welchen....? — Man zeigt ihr den Tisch für Seidenwaren.

Mit wem....? — Sie spricht mit einem Ladenfräulein.

Was....? — Bitte, zeigen Sie mir Seide.

Will....? — Nein, sie will die Seide nicht für einen Mantel.

Will...? — Ja, sie wünscht Seide für ein Kleid.

Warum....? — Sie kauft nicht die Seide, welche acht Mark fünfzig Pfennige kostet, weil diese für sie zu teuer ist.

Wie viel....? — Sie kauft die Seide, welche sechs Mark fünf und zwanzig Pfennige kostet.

Wo....? — Der Tisch für Wollenwaren ist im Hintergrunde des Ladens.

Wie....? — Die Wollenwaren sind alle einen Meter zwanzig Centimeter breit.

....? — Nein, sie kauft nicht den Stoff mit den blauen und braunen Streifen.

....? — Sie wohnt im Hotel Continental.

....? — Nein, sie bezahlt nicht sofort.

....? — Der Ladentisch für Handschuhe ist am Fusse der Treppe.

....? — Ja, sie sind gut genäht.

....? — Sie kauft zwei Paar zu drei Mark fünfzig Pfennigen und zwei zu vier Mark.

Zählt gefälligst von 80 bis 90.

Grammatik.

Etwas (*something*), nichts (*nothing*) sind zwei unbestimmte Fürwörter sächlichen Geschlechtes; z. B.: Zeigen Sie mir etwas Neues. Nichts Schönes ist in dieser kleinen Stadt zu sehen. Er hat nichts gethan.

DREIZEHNTE AUFGABE. — Übersetzt im Folgenden die englischen Wörter:

Von welcher Farbe ist diese Wolle? Sie ist (*light-blue*) und die andere ist (*dark-green*). Was kostet diese (*green*) Seide. Sie kostet zehn Mark der Meter. Meine Dame, wünschen Sie etwas? Ich wünsche Sammetbänder, geben Sie mir (*something pretty*). Wie viel kosten diese hier? Sie kosten drei Mark der Meter. Ich sehe (*nothing pretty*). Was kosten diese Handschuhe? Vier Mark das Paar; wenn Sie ein Dutzend kaufen, gebe ich sie Ihnen für fünf und vierzig Mark das Dutzend. Haben Sie (*something new*)? Wir erwarten viel Neues am Montag oder Dienstag. Wie teuer verkaufen Sie dieses Kölner-Wasser. Es kostet eine Mark fünf und zwanzig Pfennige die kleine Flasche oder zwei Mark die grosse Flasche.

Schreibt mit Buchstaben von 75 bis 80.

VIERZEHNTE LEKTION.

ZEITEN DES ZEITWORTES. (*Verbums.*)

Die Zeiten des Zeitwortes sind: das Präsens, das Imperfectum, das Perfectum, das Plusquamperfectum, das Futurum und das Futurum exactum.

Die regelmässigen Zeitwörter bilden das Präsens vom Stamme durch Ansetzung von Silben oder Buchstaben; z. B.: kaufen, Stamm: **kauf**.

PRÄSENS.

ich kaufe	wir kaufen
du kaufst	ihr kauft
er kauft	sie kaufen.

Die unregelmässigen Zeitwörter haben meistens noch eine Änderung des Stammvokals in der zweiten und dritten Person der Einzahl; z. B.: helfen; Stamm: **helf**.

PRÄSENS.

ich helfe	wir helfen
du hilfst	ihr helft
er hilft	sie helfen.

Das Imperfectum der regelmässigen Zeitwörter wird durch Ansetzung von Endungen an den Stamm gebildet; z. B.: kaufen.

IMPERFECTUM.

ich kaufte	wir kauften
du kauftest	ihr kauftet
er kaufte	sie kauften.

Die unregelmässigen Zeitwörter verändern den Stammvokal; einige haben auch die vollen Endungen; z. B.: helfen.

IMPERFECTUM.

ich half	wir halfen
du halfst	ihr halft
er half	sie halfen.

Das Perfectum und Plusquamperfectum werden mit den Hülfszeitwörtern *haben* oder *sein* und dem Participium gebildet:

PERFECTUM.

ich habe gekauft	wir haben gekauft
du hast gekauft	ihr habt gekauft
er hat gekauft	sie haben gekauft.
ich habe geholfen	wir haben geholfen
du hast geholfen	ihr habt geholfen
er hat geholfen	sie haben geholfen.

PLUSQUAMPERFECTUM.

ich hatte gekauft	wir hatten gekauft
du hattest gekauft	ihr hattet gekauft
er hatte gekauft	sie hatten gekauft.
ich hatte geholfen	wir hatten geholfen
du hattest geholfen	ihr hattet geholfen
er hatte geholfen	sie hatten geholfen.

Das Futurum wird mit dem Hülfszeitwort *werden* und dem Infinitiv gebildet; z. B.:

ich werde	kaufen,	helfen,	gehen,	kommen.
du wirst	kaufen,	helfen,	gehen,	kommen.
er wird	kaufen,	helfen,	gehen,	kommen.
wir werden	kaufen,	helfen,	gehen,	kommen.
ihr werdet	kaufen,	helfen,	gehen,	kommen.
si werden	kaufen,	helfen,	gehen,	kommen.

Das Futurum exactum wird mit dem Futurum von *sein* oder *haben* und dem Participium gebildet; z. B. :

ich werde gekauft haben	wir werden gekauft haben
du wirst gekauft haben	ihr werdet gekauft haben
er wird gekauft haben	sie werden gekauft haben.
ich werde geholfen haben	wir werden geholfen haben
du wirst geholfen haben	ihr werdet geholfen haben
er wird geholfen haben	sie werden geholfen haben.
ich werde gegangen sein	wir werden gegangen sein
du wirst gegangen sein	ihr werdet gegangen sein
er wird gegangen sein	sie werden gegangen sein.

Leseübung.

DER DIEB UND DER SCHUSTER. (*The thief and the shoemaker.*)

Es war Einer, der hatte keine Schuhe an den Füssen; er sagte zu seinem Kameraden: "Ich will zum Schuster gehen, um ein Paar Schuhe zu kaufen, aber ich habe kein Geld. Wenn ich die Schuhe probiere, komm du nach einem Augenblick, und versetze mir eine Ohrfeige (*ear box*). Dann machst du dich davon, und ich laufe dir sogleich nach. So werde ich die Schuhe bekommen; denn anders weiss ich nicht, wie ich sie bekommen könnte." Gesagt, gethan. Der erste tritt in den Laden des Schusters und fragt, ob er ein gutes Paar Schuhe haben könne. Der Schuster antwortet: "Ja, ich habe Schuhe aller Arten, probieren Sie ein Paar." Der Wicht (*rascal*) zieht ein Paar an, das ihm genau passt.

In diesem Augenblicke tritt der Gefährte in den Laden, versetzt seinem Kameraden eine Ohrfeige, läuft hinaus und macht sich davon. Der andere mit den neuen Schuhen an den Füssen setzt ihm nach, als ob er ihn fangen wollte. Der Schuster sagt lachend zu seinen Gesellen: "Er hat die neuen Schuhe an, gleich wird er den andern fangen." Er geht vor die Thüre um zu warten, bis der Kunde wieder zurückkommt. Dieser aber entkommt mit den Schuhen und zeigt sich nie wieder.

Fragen und Antworten.

Wer hatte keine Schuhe an den Füssen? Warum kaufte er keine Schuhe? Was sagte er zu seinem Kameraden? Wann sollte dieser in den Laden kommen? Was sollte er ihm versetzen? Wohin geht der erste? Was fragt er den Schuster? Hat der Schuster Schuhe, die ihm passen? Was thut er mit den Schuhen? Wer kommt herein? Was thut er? Bleibt der zweite im Laden? Wer verfolgt ihn? Was sagt der Schuster zu dem Gesellen? Kehrt der Wicht wieder zurück?

Bildet Fragen zu den folgenden Antworten.

....? — Weil er keine Schuhe hatte.
....? — Er hatte kein Geld.
....? — Er tritt in einen Laden.
....? — Er fragt: Haben Sie gute Schuhe?
....? — Ja, er hat Schuhe aller Arten.
....? — Er probiert ein Paar Schuhe.
....? — Ja, die Schuhe passen ihm genau.
... ? — Sein Kamerad kommt herein.
....? — Er versetzt ihm eine Ohrfeige.
....? — Nein, er macht sich sogleich davon.
....? — Der erste verfolgt ihn.
....? — Nein, der Schuster verfolgt ihn nicht.
....? — Er stellt sich unter die Thüre.
....? — Nein, der Wicht kommt nie wieder zurück.

VIERZEHNTE AUFGABE. — Schreibt die vorhergehende Lektion nieder und setzt statt einer Person zwei, die keine Schuhe haben.

Erzählt die obige Anekdote und setzt alle Zeitwörter in die entsprechende Person des Imperfectums.

FÜNFZEHNTE LEKTION.

BERLIN.

Eine Stadt,	*a city.*	die Anhöhe,	*the height.*
die Reinlichkeit,	*cleanliness.*	das Leben,	*the life.*
		das Gemälde,	*the picture.*
der Fluss,	*the river.*	der Stein,	*the stone.*
eine Brücke,	*a bridge.*	das Pflaster,	*the pavement.*
eine Schlange,	*a snake.*	der Norden,	*the north.*
der Vogel,	*the bird.*	der Süden,	*the south.*
der Baum,	*the tree.*	der Osten,	*the east.*
das Becken,	*the basin.*	der Westen,	*the west.*
das Treibhaus,	*the greenhouse.*	eine Gattung,	*a kind.*
die Milchwirthschaft,	*the dairy.*	der Wagen,	*the carriage.*
		dauern,	*to last.*
die Milch,	*the milk.*	beginnen,	*to commence.*
bewundern,	*to admire.*	regieren,	*to reign.*
prüfen,	*to examine.*	blühen,	*to blossom.*
überschreiten,	*to cross.*	übersehen,	*to survey.*
vollenden,	*to finish.*	halten,	*to hold.*
verschieben,	*to postpone.*		

PRÄSENS.	IMPERFECTUM.	PERFECTUM.
ich halte	ich hielt	ich habe gehalten
du hältst	du hieltst	du hast gehalten, u. s. w.
er hält	er hielt	FUTURUM.
wir halten	wir hielten	
ihr haltet	ihr hieltet	ich werde halten
sie halten.	sie hielten.	du wirst halten, u. s. w.

Leseübung.

Berlin ist die Hauptstadt des deutschen Reiches und des Königreichs Preussen. Es ist die Residenz des deutschen Kaisers und Königs von Preussen; es ist auch der Sitz der höchsten Reichs- und Staatsbehörden. Nach London und Paris ist es die grösste Stadt Europas, und liegt an den Ufern der Spree. Auf einer Insel, die von zwei Armen des Flusses gebildet wird, erhebt sich das königliche Schloss. Im Centrum der Stadt, in Alt-Berlin, steht das historisch berühmte Rathaus. Im nördlich davon gelegenen Friedrichswerder, befinden sich das Zeughaus und die Reichsbank. Die verschiedenen neuern Stadtteile lagern sich in konzentrischen Kreisen um die Altstadt herum. Im Osten liegt der weltberühmte Tiergarten, ein Anziehungspunkt für alle Fremden, die Deutschlands Hauptstadt besuchen. Alle Thore der Altstadt sind verschwunden, nur das historisch berühmte Brandenburger Thor steht noch. Es wurde von Friedrich II. erbaut; es hat eine Breite von 62 und eine Höhe von 20 Metern. Zwölf dorische Säulen, welche 14 Meter hoch sind, bilden fünf Durchgänge für Wagen; im Jahre 1868 ist ein ähnlicher Durchgang für Fussgänger hinzugefügt worden. Der ganze Bau wird von einer über sechs Meter hohen Siegesgöttin überragt. Im Jahre 1807 war diese Victoria von den Franzosen nach Paris geschleppt, aber im Jahre 1814 wieder nach Berlin zurückgebracht worden.

Über die Spree führen 54 Brücken und verbinden die verschiedenen Stadtteile. Die schönste von allen ist die Schlossbrücke, welche die Linden und den Lustgarten verbindet. Ihr Geländer wird von acht Marmorgruppen geziert; diese veranschaulichen durch antike Figuren das Leben eines Kriegers. Ebenfalls bemerkenswert ist die Kurfürstenbrücke; auf ihr steht Berlins meisterhaftes Standbild des grossen Kurfürsten.

Unter den sieben hundert Strassen der Stadt ist die schönste Unter den Linden. Sie führt vom Brandenburger Thor nach dem königlichen Schloss. Dieselbe ist 1004 Meter lang und 45 Meter breit. Durch die Mitte erstrecken sich eine vierfache Baumreihe und eine Promenade; auf der nördlichen Seite ist ein Weg für Reiter. Ausserhalb befinden sich zu beiden Seiten Fahrwege, auch Seitenpfade (Trottoirs) für die Fussgänger.

In dieser herrlichen Strasse befinden sich der Palast Wilhelms I., die Kunstakademie, das Kultusministerium, das Ministerium des Innern, die russische Botschaft, mehrere Hotels und eine Reihe der glänzendsten Kaufläden.

Berlin hat zwei und siebenzig öffentliche Plätze. Der Opernplatz liegt am östlichen Ende der Linden; ihn umgeben die prachtvollsten Gebäude, wie das Zeughaus, die Universität, der Palast der Kaiserin Friederich, das Opernhaus.

In der Mitte des Schillerplatzes erhebt sich das Denkmal des grossen Dichters Schiller.

Zwischen dem Museum und dem kaiserlichen Schloss befindet sich der Lustgarten.

150, 151, 152, 153, 160, 170.

Fragen und Antworten.

Was ist Berlin? Wessen Residenz ist es? Ist es eine schöne Stadt? Welcher Fluss teilt die Stadt? Wo steht das königliche Schloss? Welches historisch berühmte Gebäude steht in Alt-Berlin? Wo ist das Zeughaus? Wo ist die Reichsbank? In welcher Form liegen die neuern Stadtteile um die Altstadt herum? Was bildet einen grossen Anziehungspunkt für die Fremden? Welches berühmte Thor steht noch? Unter wessen Regierung wurde es gebaut? Wie hoch und breit ist es? Woraus besteht sein Portikus? Wie viele Durchgänge sind da? Was überragt den ganzen Bau? Wie viele Brücken führen über den Fluss? Welches ist die schönste? Was verbindet sie? Mit was wird das Geländer verziert? Was stellen die Gruppen dar? Welches Standbild steht auf der Kurfürstenbrücke? Wie viele Strassen hat Berlin? Welches ist die schönste? Was ist in ihrer Mitte? Welche Paläste stehen hier? Welches sind die bedeutendsten öffentlichen Plätze? Wo steht das Opernhaus? Wo steht das Denkmal Schillers?

Zählt gefälligst von 90 bis 100.

Bildet Fragen zu den folgenden Antworten.

....? — Ja, Berlin ist eine schöne Stadt.

....? — Ja, London ist grösser als Berlin.

....? — Das königliche Schloss steht auf einer Insel.

....? — Das Rathaus steht in Alt-Berlin.

....? — Die Reichsbank steht in Friedrichswerder.

....? — Im Osten liegt der Tiergarten.

....? — Ja, der Tiergarten von Berlin ist weltberühmt.
....? — Das Brandenburger Thor.
....? — Friedrich II. hat es bauen lassen.
....? — Zwölf dorische Säulen.
....? — Eine Siegesgöttin krönt das Ganze.
....? — 72 Brücken verbinden die Stadtteile.
....? — Die Marmorgruppen stellen das Leben eines Kriegers dar.
....? — Die schönste Strasse ist Unter den Linden.
....? — Sie ist 1,004 Meter lang und 45 Meter breit.
....? — Vier Baumreihen sind in der Mitte.
....? — Das Denkmal Schillers steht in der Mitte des Schillerplatzes.

Grammatik.

Fragende und bezügliche Fürwörter.

Der Mann, **welcher** (der) hier wohnt, ist mein Freund.

Der Mann, **dessen** Buch Sie haben, ist mein Lehrer.

Der Mann, **welchem** (dem) Sie mein Buch geliehen haben, wohnt auf dem Lande.

Der Mann, **welchen** (den) Sie besuchen wollen, ist abgereist.

Die Frau, **welche** Sie sehen, ist meine Freundin.

Wer hat dieses geschrieben?

Wen sehen Sie? **Was** schreiben Sie?

Wem geben Sie ein Buch?

Welcher Knabe wird bestraft?

Wessen Mannes Haus ist das?

Welchem Freunde schreiben Sie?

Welchen Mann haben Sie gesehen?

Welche Frau, **welches** Kind hat das gethan?

FÜNFZEHNTE AUFGABE. — Setzt statt der Striche die Fürwörter.

— von diesen zwei Pferden ziehen Sie vor? — von diesen Kutschen gehört Ihnen? In der Mitte von — Platze steht das Schiller-Denkmal? In — Theater gehen Sie heute Abend? Sie wünschen eine von diesen Damen zu sprechen, -? Für — von Ihren Schwestern kaufen Sie dieses Buch? — von Ihren Vettern schreiben Sie? — von Ihren Schwestern senden Sie diese Blumen? Für — von Ihren Brüdern ist dieser Brief? Für — von diesen Damen ist diese Einladung?

Schreibt mit Buchstaben von 80 bis 85.

SECHSZEHNTE LEKTION.

BERLIN. (*Fortsetzung.*)

Eine Insel,	an island.	das Gewölbe,	the vault.
der Platz, der Bauplatz,	} the site.	die Glasur, der Schmelz,	} enamel.
eine Kirche,	a church.	die Glasware,	glassware.
der Thurm,	the tower.	die Bibliothek,	the library.
der Gerichtshof,	} the court of justice.	die Börse,	the exchange.
das Werk,	the work.	das Rathaus,	the city hall.
der Blick,	the glance.	das Ufer,	the bank.
die Bühne,	the stage.	das Grab,	the tomb.
der Vorsaal (Korridor),	} the lobby.	bauen,*	to build.
		werfen,‡	to throw.
		zitieren,*	to quote.
der Krieg,	the war.	studieren,*	to study.
vorschlagen,	to suggest.	schmücken,*	to adorn.

PRÄSENS.

gehen, *to go;* (Lektion III.)   kennen, *to know;* (Lektion IV.)
ich bin bekannt, *I am acquainted* (Lektion IV.)

IMPERFECTUM.

ich ging	ich kannte	ich war bekannt
du gingst	du kanntest	du warst bekannt
er ging	er kannte	er war bekannt
wir gingen	wir kannten	wir waren bekannt
ihr gingt	ihr kanntet	ihr wart bekannt
sie gingen.	sie kannten.	sie waren bekannt.

---

* schwach.   ‡ stark.

PERFECTUM.

ich bin gegangen, ich habe gekannt, ich bin bekannt gewesen, u. s. w.
u. s. w. u. s. w.

PRÄSENS.	IMPERFECTUM.	PERFECTUM.
ich werfe, *I throw*,	ich warf	ich habe geworfen
du wirfst	du warfst	du hast geworfen
er wirft	er warf	er hat geworfen
wir werfen	wir warfen	wir haben geworfen
ihr werft	ihr warft	ihr habt geworfen
sie werfen.	sie warfen.	sie haben geworfen.

Leseübung.

Berlins hervorragendste öffentliche Anlage ist der Tiergarten. Er umfasst ein Areal von 255 Hektar. Ursprünglich ein Wald, diente er später als Tiergarten für Hirsche und für Schwarzwild. König Friederich I. begann seine Umgestaltung in einen Park. In diesem Tiergarten befindet sich das Standbild Friedrich Wilhelms III.; ihm gegenüber erhebt sich das Denkmal der Königin Luise von Encke; in der Nähe des Brandenburger Thores steht das Denkmal des grossen Dichters Goethe, sowie dasjenige Lessings.

Die wichtigsten Partien in und um den Tiergarten sind: das königliche Lustschloss Bellevue mit Park; die Zelte, eine Reihe von Erfrischungslokalen; der Goldfischteich, der Floraplatz, die Luise- und Rousseau-Inseln, die Löwenbrücke, u. s. w.

In der nächsten Umgebung der Stadt erstreckt sich über 52 Hectar der Friedrichshain mit einer Büste Friedrichs des Grossen. Im Humboldthain befindet sich der sogenannte Gesundbrunnen, eine

Quelle bei welcher früher hunderte von Kranken Heilung suchten. Im terrassenförmig angelegten Victoria-Park befindet sich ein künstlicher Wasserfall.

Auf dem Kreuzberg erhebt sich ein in Pyramidenform erbautes Monument zur Errinnerung an die in den Kämpfen von 1813 bis 1815 gefallenen Krieger. Ein Seitenstück hiezu bildet die Siegessäule auf dem Königsplatz, errichtet zur Errinnerung an die drei siegreichen Kriege von 1864, 1866 und 1870. Ähnliche Denkmäler sind die Friedenssäule auf dem Belle-Alliance-Platz und das Nationalkriegerdenkmal im Invalidenpark. Das figurenreichste Werk monumentaler Skulptur ist die Reiterstatue Friedrichs des Grossen am Eingang der Linden, zwischen dem königlichen Palast und der Universität. Das Monument ist eines der grössten Meisterwerke Rauchs. Es ist über dreizehn Meter hoch und nahezu sieben Meter breit. Auf einem Granitsockel von 1.7 Meter Höhe erhebt sich das Fussgestell von Bronze; auf diesem, der Hauptwürfel des Denkmals mit zahlreichen Statuen und Reliefbildern von Kriegshelden und andern ausgezeichneten Männern. Auf diesem Unterbau erhebt sich das kolossale Reiterstandbild, welches den König in Uniform mit Hut und Kriegsmantel und dem Krückstock in der rechten Hand darstellt.

An die Helden der Befreiungskriege erinnert ein Monument auf dem Opernplatz; ein anderes, zu Ehren derer des Siebenjährigen Krieges steht auf dem Wilhelmsplatz. Ein drittes, auf dem Leipzigerplatz, erinnert an den Grafen Brandenburg und Wrangel. Im Lustgarten steht das Reiterstandbild König Friedrich Wilhelms IV.

Andere Denkmäler erinnern an Wilhelm und Alexander von Humboldt, an von Chamisso, u. s. w.

Unter den Kirchen erwähnen wir die Marienkirche, im dreizehnten Jahrhundert aus Backstein aufgeführt mit einem der höchsten Türme Berlins; die Nikolaikirche und die Klosterkirche. Die letzere ist eines der merkwürdigsten Denkmäler märkischer Baukunst des Mittelalters; in derselben befindet sich das Grabmal Ludwig des Römers. Neben diesen prachtvollen Wunderbauten befindet sich in Berlin noch eine grosse Anzahl kleiner Kirchen und Kapellen.

Unter den Profanbauten nimmt das Schloss die erste Stelle ein. Die vielen, zu verschiedenen Zeiten entstandenen Teile desselben wurden nach dem Jahre 1699 zu einem Ganzen verbunden und umgestaltet. Das Schloss enthält gegen 600 Zimmer und Säle wovon der Ritter- oder Thronsaal, die Schlosskapelle, der Weisse Saal und die Bildergalerie die bemerkenswertesten sind. Dieser Palast ist die Winterresidenz des Königs, während im Sommer der neue Palast bei Potsdam den kaiserlichen Herrschaften zum Aufenthalt dient.

Das Alte Museum, dessen Wände grösstenteils mit Freskogemälden verziert sind, ist für Gemälde und Bildwerke bestimmt, während das Neue Museum Gipsabdrücke, Vasen, Terrakotten, Kupferstiche und andere Sammlungen beherbergt.

Noch viele andere prachtvolle Bauten und Monumente machen Berlin zu einer der sehenswertesten Stadt Europas.

170, 171, 172, 173, 174, 175, 176, 177, 178, 179, 180.

Fragen und Antworten.

Welches ist Berlins wichtigste öffentliche Anlage? Was war er früher? Wie gross ist er? Wer hat mit seiner Umgestaltung begonnen? Was befindet sich im Tiergarten? Die Denkmäler von welchen Dichtern befinden sich hier? Was sind die Zelte? Welche Anlagen befinden sich in der nächsten Umgebung der Stadt? Welcher Park enthält einen künstlichen Wasserfall? Welches Denkmal erinnert an die in 1813.15 gefallenen Krieger? Wo steht es? Wo steht die Siegessäule? In welchen Jahren führte Deutschland drei siegreiche Kriege? Welches Denkmal ist reichlich mit Figuren verziert? Wo steht die Reiterstatue Friedrichs des Grossen? Wie ist Friederich der Grosse dargestellt? Welches sind die bedeutendsten Kirchen? Wo befindet sich das Denkmal Ludwig des Römers? In welchem Jahre wurde das königliche Schloss umgestaltet? Enthält es viele Zimmer? Welches sind die bemerkenswertesten Säle des Schlosses? Welcher Palast dient dem Kaiser zur Sommerresidenz? Was enthalten das Alte und das Neue Museum?

Bildet Fragen zu den folgenden Antworten.

....? — Das Denkmal der Königin Luise steht im Tiergarten.

....? — Das Denkmal für Krieger auf dem Kreuzberg ist in gothischer Pyramidenform erbaut.

....? — Die Universität befindet sich unter den Linden.

....? — Rauch hat den Plan zum Denkmal Friedrichs des Grossen entworfen.

....? — Der Sockel der Statue ist aus Granit.

....? — Der Granit ist ein Stein.

....? — Nein, nicht das ganze Denkmal ist aus Stein.

....? — Die Sommerresidenz der königlichen Familie ist der neue Palast in Potsdam.

....? — Das Alte Museum enthält Gemälde und Bildwerke.

Zählt von 100 bis 120, bitte.

SECHSZEHNTE AUFGABE. — Setzt statt der Striche die verlangten Wörter.

In der Nähe von — Thore steht das Denkmal von Goethe? Von — Dichtern stehen die Denkmäler im Tiergarten? — König begann die Umgestaltung des Waldes in einen Park? Die Wände von — Museum sind mit Freskogemälden verziert? — Gebäude dient der kaiserlichen Familie als Winterresidenz? — Kirche wurde im dreizehnten Jahrhundert aufgeführt?

Schreibt das Präsens und das Imperfectum von verkaufen (*to sell*) und von werfen (*to throw*).

SIEBENZEHNTE LEKTION.

PRAKTISCHE REGELN.   (*Practical Rules.*)

Das Salzfass,	*the salt-cellar.*	das Fleisch,	*the meat.*
das Messer,	*the knife.*	das Brot,	*the bread.*
der Löffel,	*the spoon.*	die Maus,	*the mouse.*
die Gabel,	*the fork.*	das Geräusch,	*the noise.*
das Glas,	*the glass.*	die Kerze,	*the candle.*
der Teller,	*the plate.*	der Waschtisch,	*the washstand.*
die Schüssel,	*the dish.*		
das Tischtuch,	*the table cloth.*	der Wasserkrug,	*the pitcher.*
die Serviette,	*the napkin.*		
das Handtuch,	*the towel.*	das Waschbecken,	*the washbasin.*
der Schlafsaal,	*the dormitory.*		
die Mahlzeit,	*the meal.*		

Zeitwörter.

INFINITIV.

schreiben,	*to write.*	waschen,	*to wash.*
reiben,	*to rub.*	trocknen,	*to wipe.*
singen,	*to sing.*	sprechen,	*to speak.*

PRÄSENS.	IMPERFECTUM.	PERFECTUM.
ich schreibe	ich schrieb	ich habe geschrieben.
ich reibe	ich rieb	ich habe gerieben.
ich singe	ich sang	ich habe gesungen.
ich wasche	ich wusch	ich habe gewaschen.
ich trockne	ich trocknete	ich habe getrocknet.

PRÄSENS.	IMPERFECTUM.	PERFECTUM.
ich spreche	ich sprach	ich habe gesprochen
du sprichst	du sprachst	du hast gesprochen
er spricht	er sprach	er hat gesprochen
wir sprechen	wir sprachen	wir haben gesprochen
ihr sprecht	ihr spracht	ihr habt gesprochen
sie sprechen.	sie sprachen.	sie haben gesprochen.

Leseübung.

In einem alten Manuscripte des 15ten Jahrhunderts befinden sich die Regeln eines damaligen Klosters; die folgenden gehören zu den sonderbarsten :

"Ein besonderer Bedienter ist beauftragt, alles bereit zu halten, was verlangt wird, den Tisch zu decken. Er muss jeden Tag die Salzfässer füllen, die Messer, Löffel, Gläser und Teller sorgfältig reinigen.

"Auch muss er jeden Tag die Wasserkrüge auf dem Waschtische füllen, wo die Brüder ihre Hände waschen, er muss das Waschbecken reinigen, und ein reines Handtuch an den Waschtisch hängen.

"Er muss die schmutzigen Handtücher und Servietten zur Wäscherin schicken und sie waschen und plätten lassen.

"Es ist auch seine Aufgabe, das Brot aus dem Keller zu holen; dieses Brot darf weder angebrannt, noch beschmutzt, noch von den Mäusen zernagt sein."

Das Manuscript enthält auch die Regeln für das Betragen der Mönche; die folgenden geben eine Idee davon :

"Die Mönche dürfen mit den Servietten und Tischtüchern weder ihre Nase schneuzen (*wipe*), noch ihre Zähne abreiben; auch sollen sie das Tischtuch nicht mit den Messern zerschneiden.

"Sie sollen das, was ihnen vorgesetzt wird in anständiger Weise essen, aber nicht mit Gefrässigkeit. Sie dürfen Fische nicht durch anderes Fleisch ersetzen. Während der Mahlzeit sollen sie weder pfeifen, noch schreiben, noch irgend ein Buch öffnen.

" Es ist ihnen nicht erlaubt an's Fenster zu gehen und hinauszuschauen.

"Wenn jemand in den Schlafsaal eintritt oder denselben verlässt, wenn die Brüder sich darin befinden, muss es geräuschlos geschehen.

"Es ist ihnen untersagt zu sprechen, zu singen, oder bei der Lampe wach zu bleiben, oder im Bette beim Lichte einer Kerze zu lesen."

Zweihundert (200), zweihundert eins (201), zweihundert zwei (202), 220, 230, 240, 250.

Fragen und Antworten.

Womit ist der Bediente des Klosters beauftragt? Wann muss er das Salzfass mit Salz füllen? Was muss er sorgfältig waschen? Welchen Wasserkrug muss er täglich mit Wasser füllen? Wo muss er ein reines Handtuch aufhängen? Für wen? Wäscht der Bediente das Tischtuch und die Servietten selbst? Durch wen lässt er sie waschen? Plättet er die Tischtücher und Servietten selbst? Lässt er sie plätten? Waschen Sie Ihre Servietten selbst, oder lassen Sie dieselben waschen? Durch wen lassen Sie dieselben waschen? Was thut die Wäscherin? Wer holt das Brot aus dem Keller? Wie muss das Brot sein? Dürfen die Mönche sich mit dem Tischtuche schneuzen? Dürfen sie ihre Zähne an den Servietten abreiben? Was ist ihnen noch verboten? Was sollen sie essen? Wie sollen sie essen, was ihnen vorgesetzt wird? Dürfen sie während der Mahlzeit schreiben? Wie sollen diejenigen gehen, welche in den Schlafsaal eintreten? Dürfen die Mönche bei dem Licht der Kerze lesen, wenn sie im Bette sind?

Bildet Fragen zu den folgenden Antworten.

....? — Dieses ist die siebenzehnte Lektion.
....? — Wir sprechen in dieser Lektion von den Regeln eines Klosters.
....? — Ein besonderer Bedienter ist hiermit beauftragt.
....? — Er muss die Salzfässer mit Salz füllen.
....? — Er muss ihn mit Wasser füllen.
....? — Er muss diese Arbeit jeden Tag verrichten.
....? — Er muss ein reines Handtuch dorthin hängen.
....? — Er schickt die schmutzige Leinwand zur Wäscherin.
....? — Er holt das Brot aus dem Keller herauf.
....? — Nein, die Mönche dürfen den Fisch nicht mit anderem Fleisch ersetzen.
....? — Nein, sie dürfen während der Mahlzeit nicht lesen.
....? — Nein, sie dürfen nicht zum Fenster hinausschauen.
....? — Diejenigen, welche das Schlafzimmer verlassen, müssen geräuschlos auftreten.

Zählt gefälligst von 260 bis 280.

Grammatick.

Wenn das Fürwort von einer Präposition begleitet ist und eine Sache bezeichnet, so wird es oft mit der Präposition verschmolzen.

damit,	*with it, with them.*	daraus,	*from it.*
		dazu,	*to it.*

darin,	in it.	dabei,	at it.
dadurch,	through it.	daran,	at them.
davon,	from it.	darüber,	over it.
darauf,	upon it (them).		

Z. B. : Wir sind damit zufrieden. Wie viele sind darin? Wir werden darüber sprechen.

wozu,	to which.	worin,	in which.
womit,	with which.	woran,	at which.
wobei,	at which.	woraus,	from which.
wovon,	of which.	worüber,	of which.

Z. B. : Hier ist der Schlüssel, womit ich die Thüre öffnete. Die Gläser, woraus wir tranken, sind zerbrochen. Das Zimmer, worin ich schlafe, ist sehr kalt. Das Handtuch, womit ich die Hände abtrockne, ist rein. Die Feder, womit ich schreibe, ist alt.

Alle diese Wörter können auch fragend gebraucht werden, z. B. :

Womit trocknen Sie die Hände ab? Woraus essen Sie die Suppe? Worüber haben Sie gesprochen? Worin schlafen wir gewöhnlich?

SIEBENZEHNTE AUFGABE. — Setzt statt der Striche die notwendigen Fürwörter :

Sagen Sie mir, — der Bediente die Salzfässer wäscht und — er sie füllt. Sagen Sie mir, — Sie in der Hand haben. Ich weiss nicht, — dieses Instrument dient. Geben Sie mir eine Feder, — ich schreiben kann. Die Kinder haben den Ball, — sie spielten, verloren. Kinder müssen das essen, — ihnen vorgelegt wird, und nicht von allem verlangen, das sie auf dem Tische sehen.

Übersetzt die eingeschlossenen Wörter.

Die Mönche des Klosters holen das Brot nicht selbst; der Bediente holt es für (them), aber er isst nicht mit (them); er isst ohne (them).

ACHTZEHNTE LEKTION.

Ein Landhaus. (*A country-place.*)

Die Mauer,	the wall.	das Radieschen,	the radish.
der Fruchtbaum,	the fruit-tree.	der Grasplatz,	the lawn.
der Birnbaum,	the pear-tree.	der Schatten,	the shade. the shadow.
der Pfirsichbaum,	the peach-tree.	das Billardzimmer,	the billiard room.
der Kirschbaum,	the cherry-tree.	die Badewanne,	the bathtub.
die Erdbeerstaude,	the strawberry plant.	das Erdgeschoss,	the basement.
der Weinstock,	the vine (grape)	das Möbel,	the piece of furniture.
der Gemüsegarten,	the vegetable garden.	das Inventar,	the inventory.
der Spinat,	the spinage.		
der Kohl,	the cabbage.		
der Spargel,	the asparagus.		

Zeitwörter.

INFINITIV.

essen,	*to eat* (Lekt. III.)	lassen,	*to let.*
trinken,	*to drink* (Lekt. II).	tragen,	*to bear.*
nehmen,	*to take* (Lekt. II).	ziehen,	*to draw.*
geben,	*to give* (Lekt. VIII).	binden,	*to tie.*
bringen,	*to bring.*	verbinden,	*to tie up. to connect.*
dürfen,	*to be allowed.*		

es giebt, es ist, es sind, *there are, there is.*

PRÄSENS.	IMPERFECTUM.	PERFECTUM.
ich esse,	ich ass,	ich habe gegessen.
ich trinke,	ich trank,	ich habe getrunken.
ich nehme,	ich nahm,	ich habe genommen.
ich gebe,	ich gab,	ich habe gegeben.
ich bringe,	ich brachte,	ich habe gebracht.
ich darf,	ich durfte,	ich habe gedurft (dürfen).
ich lasse,	ich liess,	ich habe gelassen.
ich trage,	ich trug,	ich habe getragen.
ich ziehe,	ich zog,	ich habe gezogen.
ich binde,	ich band,	ich habe gebunden.
ich verbinde,	ich verband,	ich habe verbunden.
ich darf	ich durfte	ich habe gedurft (dürfen)
du darfst	du durftest	du hast gedurft
er darf	er durfte	er hat gedurft
wir dürfen	wir durften	wir haben gedurft
ihr dürft	ihr durftet	ihr habt gedurft
sie dürfen.	sie durften.	sie haben gedurft.

Leseübung.

EIN GESPRÄCH. (*A conversation.*)

Frau A. — Guten Tag, mein Herr.

Herr B. — Ich habe die Ehre Sie zu grüssen, gnädige Frau.

Frau A. — Habe ich die Ehre Herrn B. zu sprechen?

Herr B. — Ja, Gnädigste, wollen Sie gefälligst Platz nehmen. Womit kann ich Ihnen dienen? (*What can I do for you?*)

Frau A. — Wie ich höre, haben Sie ein Landhaus in O. zu vermieten; bevor ich hingehe, es anzusehen, möchte ich Sie um nähere Auskunft darüber bitten.

Herr B. — Ich stehe zu Diensten, werte Frau, fragen Sie nur, bitte.

Frau A. — Ist das Besitztum eingefriedigt?

Herr B. — Ja, es ist mit einer zwei Meter hohen Mauer umgeben.

Frau A. — Befinden sich Fruchtbäume auf dem Gute und kann man auch Gemüse pflanzen?

Herr B. — Es giebt nur wenige Obstbäume da, einige Kirschbäume und Birnbäume, und wenn ich mich nicht irre, vier oder fünf Pfirsichbäume; auch Weinstöcke befinden sich daselbst; diese tragen vortreffliche Trauben. Auch grosse Erdbeerbeete sind angelegt, auf welchen jährlich eine Menge der schmackhaftesten Beeren gezogen werden.

Der Gemüsegarten umfasst nahezu ein Viertel des ganzen Besitztums; wir ziehen daselbst Erbsen, Bohnen, Spinat, Kohl, Sellerie, Radieschen, gelbe Möhren und Spargel.

Frau A. — Sie pflanzen gewiss auch Blumen?

Herr B. — Gewiss, Sie finden solche überall auf dem Besitztum, aber namentlich um den grossen Grasplatz herum, der sich vor dem Hause befindet.

Frau A. — Giebt es auch Schattenbäume?

Herr B. — Zwei Alleen, ungefähr hundert Meter lang bei sechs Meter breit, sind mit schönen Bäumen bepflanzt, welche angenehmen Schatten verbreiten. Im nördlichen Teile befindet sich eine Terasse, welche beständig beschattet wird.

Frau A. — Ist das Haus gross, und wie ist es eingeteilt.

Herr B. — Es ist gross, werte Frau. Das Erdgeschoss enthält drei Zimmer: ein Empfangszimmer ein Speisezimmer und ein Billardzimmer. Im ersten Stockwerke sind vier Schlafzimmer mit zwei Toilettenzimmern und einem Badezimmer, mit einer Badewanne von weissem Marmor. Im zweiten Stockwerke sind sechs Zimmer.

Frau A. — Wo befindet sich die Küche?

Herr B. — Sie ist in einem kleinen Anbau, der mit dem Hause durch eine Thüre verbunden ist.

Frau A. — Ist das ganze Haus möbliert?

Herr B. — Nein, werte Frau. Das Erdgeschoss und der erste Stock sind möbliert; die Zimmer des zweiten Stockes sind nicht möbliert. Ich habe hier ein Inventar von allen Gegenständen die sich im Hause befinden, wollen Sie es sehen?

Frau A. — Mit Vergnügen, mein Herr.

Herr B. — Ganz gewiss, es gewährt mir Vergnügen es Ihnen zeigen zu dürfen.

260, 261, 262, 270, 271, 272, 273, 274, 275, 276, 277, 278, 279, 280.

Fragen und Antworten.

Was sagt Frau A. zu Herrn B. bei ihrem Eintritt in das Empfangszimmer? Kennt sie Herrn B? Wie ladet Herr B. sie ein, sich zu setzen? Wo befindet sich das Landhaus, welches Herr B. vermieten will? Was will Frau A. thun, bevor sie das Landhaus besucht? Wie hoch ist die Einfriedigungsmauer? Welche Obstbäume befinden sich daselbst? Was für Frucht trägt der Kirschbaum? Welches ist die Frucht des Birnbaumes? des Pfirsichbaumes? des Weinstockes? der Erdbeerstaude? Was wird in einem Gemüsegarten gepflanzt? Wo ist der Grasplatz? Giebt es auch Blumen auf dem Besitztum?

Wo befinden sie sich? Wie lange und wie breit sind die beiden Alleen? Wo ist es im Sommer angenehmer zu sitzen, in der Sonne oder im Schatten der Bäume? Gehen wir im Sommer in den Strassen auf der sonnigen oder auf der schattigen Seite? Warum gehen wir im Schatten? Befinden sich die Damen unter den Sonnenschirmen im Schatten? Was bedeutet eigentlich das Wort Sonnenschirm? Welche Zimmer sind im Erdgeschoss des Landhauses des Herrn B.? Wie viele Zimmer sind im ersten Stock? Wo ist das Badezimmer? Was ist im Badezimmer? Wo sind die Toilettenzimmer? Hat Herr B. ein Inventar des Mobiliars? Will er es der Frau A. zeigen?

Bildet Fragen zu den folgenden Antworten.

Warum ....? — Sie besucht den Herrn B. um ihn um Auskunft zu fragen.

Worüber ....? — Über das Besitztum, welches er zu vermieten hat.

....? — Nein, es giebt dort nicht sehr viele Obstbäume.

....? — Die Birne ist die Frucht des Birnbaumes.

....? — Die Pfirsiche wachsen auf den Pfirsichbäumen.

....? — Der Apfel ist die Frucht des Apfelbaumes.

....? — Nein, der Spargel ist keine Frucht, es ist ein Gemüse.

....? — Um den Grasplatz herum sind Blumen gepflanzt.

....? — Die Terrasse ist im nördlichen Teile.

....? — Nein, die Badewanne ist nicht von Zink, sie ist von Marmor.

....? — Der zweite Stock ist nicht möbliert.

....? — Herr B. will der Frau A. das Inventar zeigen.

....? — Ja, Frau A. wünscht das Inventar zu sehen. Bitte, zählt von 280 bis 300.

Grammatik.

Wenn zwei persönliche Fürwörter zusammenkommen, z. B. der Dativ und Accusativ, so geht der Accusativ dem Dativ voran, z. B. :

Haben Sie ihm das Buch gegeben? Ja, ich habe es ihm gegeben. Schicken Sie dem Bruder das Geschenk? Ja, ich schicke es ihm. Ist Herr B. bereit der Frau A. das Inventar zu zeigen? Ja, er will es ihr zeigen.

IDIOMATISCHE AUSDRÜCKE.

Ich bin es,	*it is I.*	wir sind es,	*it is we.*
du bist es,	*it is (thou) you.*	ihr seid es,	*it is you.*
er ist es,	*it is he.*	sie sind es,	*it is they.*
sie ist es,	*it is she.*	Sie waren es,	*it was you.*
wir waren es,	*it was we.*	sind wir es?	*is it we?*
bin ich es?	*is it I?*	waren Sie es?	*was it they?*
ist er es?	*is it he?*		

ALLGEMEINE REGELN FÜR DAS GESCHLECHT DER HAUPTWÖRTER.

Männlich sind gewöhnlich :

1. — Die Namen von männlichen Personen und Tieren : der Vater, der König, der Lehrer, der Schneider, der Bär.

2. — Die Namen der Jahreszeiten, der Monate und Tage : der Winter, der Frühling, der Sommer, der Herbst; der Juli, der Mai, der September; der Sonntag, der Mittwoch.

3. — Die Namen der Steine : der Diamant, der Kiesel (*flint*), der Rubin, der Stein.

Weiblich sind gewöhnlich :

1. — Die Namen weiblicher Wesen : die Frau, die Tochter, die Königin, die Löwin, die Bärin.

2. — Die meisten Wörter mit den Endsilben **-ei, -heit, -keit, -schaft, -ung** : die Schönheit, die Ewigkeit, die Hoffnung.

Sächlich sind :

1. — Die Buchstaben des Alphabets.

2. — Die Namen der Metalle : das Gold, das Silber, das Eisen, das Blei.

3. — Alle Wörter mit den Endsilben **-chen** oder **-lein** : das Mädchen, das Knäblein, das Mütterlein, das Väterchen.

NEUNZEHNTE LEKTION.

Das Mobiliar. (*The household furniture.*)

Das Bett,	*the bed.*	die Gesundheit,	*the health.*
die Matratze,	*the mattress.*	das Wildpret,	*the game.*
die Sprungfedermatratze,	*the spring mattress.*	die Suppenschüssel,	*the tureen.*
das Polster, das Querkissen,	*the bolster.*	die Salatschüssel,	*the salad bowl.*
das Kopfkissen,	*the pillow.*	die Untertasse,	*the saucer.*
		das Bettuch,	*the sheet.*
der Schrank,	*the closet.*	der Badeort,	*the watering place.*
der Spiegel,	*the mirror.*		
der Rahmen,	*the frame.*	die Küchengeräte,	*the kitchen utensils.*
der Billardstock,	*the cue.*	der Gärtner,	*the gardener.*
das Geflügel,	*the poultry.*	die Sorge,	*the care.*

Zeitwörter.

INFINITIV.

messen,	*to measure.*	vergessen,	*to forget.*
lesen,	*to read.*	stehen,	*to stand.*
treten,	*to tread.*	geschehen,	*to happen.*
liegen,	*to lie.*	finden,	*to find.*
sitzen,	*to sit.*		

PRÄSENS.	IMPERFECTUM.	PERFECTUM.
ich messe,	ich mass,	ich habe gemessen.
ich lese,	ich las,	ich habe gelesen.
ich trete,	ich trat,	ich habe getreten.

PRÄSENS.	IMPERFECTUM.	PERFECTUM.
ich liege,	ich lag,	ich habe gelegen.
ich sitze,	ich sass,	ich habe gesessen.
ich vergesse,	ich vergass,	ich habe vergessen.
ich stehe,	ich stand,	ich habe gestanden.
es geschieht,	es geschah,	es ist geschehen.
ich finde,	ich fand,	ich habe gefunden.

Leseübung.

EIN LANDHAUS. (*Fortsetzung.*)

Herr B. geht in sein Zimmer, öffnet eine Schublade, und nimmt eine Brieftasche heraus. Auf dieser steht geschrieben: *Inventar der Möbel meiner Besitzung in O.* Dieses Inventar giebt er der Frau A. Das Inventar enthält folgende Gegenstände:

Mobiliar der Schlafzimmer: Die vier Zimmer des ersten Stockes enthalten jedes ein vollständig aufgerüstetes Bett mit einer Sprungfedermatratze, einem Polster und zwei Kopfkissen.

In zwei Zimmern sind je ein Glasschrank, ein Tisch, ein Sofa und vier Stühle; in den zwei andern sind je ein Toilettentisch mit einem Wasserkruge, ein Tisch und drei Stühle.

Empfangszimmer: Ein Kanapee, vier Armsessel, sechs Stühle, ein Klavier, ein Tisch. Auf dem Kaminsims sind eine Standuhr von schwarzem Marmor, zwei Vasen, ein grosser Spiegel mit Goldrahmen.

Speisesaal: Ein Tisch, ein Silberschrank, zwölf Stühle und vier Gemälde, Früchte, Gemüse, Wildpret und Geflügel darstellend.

Im *Silberschrank* sind: 36 Teller, eine Suppenschüssel, 12 Tassen mit Untertassen, alle von Porzelan;

12 Gläser und 4 Wasserflaschen von Kristall; 12 Tischmesser, 18 Suppenlöffel und 18 Gabeln, 15 Theelöffel.
Küche : Vollständiges Küchengerät.
Billardzimmer : Ein Billard, 4 Elfenbein-Kugeln und 10 Stöcke.
Linnen : 6 Bettdecken, 14 Bettücher, 6 Handtücher, 24 Tisch-Servietten und 24 Toilette-Servietten.

Frau A. — Befindet sich auch alles in gutem Zustande?

Herr B. — Ja, werte Frau, das Mobiliar im Empfangszimmer ist ganz neu, das Übrige ist erst vor zwei Jahren neu angeschafft worden.

Frau A. — Was beträgt die Miete für 6 Monate, vom ersten Mai bis ersten November?

Herr B. — Ein tausend fünfhundert (1500) Mark, im voraus zahlbar.

Frau A. — Befindet sich jemand auf dem Besitztum, um es den Besuchern zu zeigen?

Herr B. — Ganz gewiss; der Gärtner wohnt immer dort; er ist hiermit beauftragt. Das Haus ist immer in reinem Zustande und der Garten gut erhalten. Wir bringen gewöhnlich den Sommer auf diesem Besitztum zu; wir vermieten es dieses Jahr, weil wir der Gesundheit unserer Kinder wegen nach einem Badeorte gehen müssen.

Frau A. — Wollen Sie mir gefälligst einen Erlaubnisschein ausstellen, das Haus besuchen zu dürfen? Ich gedenke mit meinem Gatten morgen oder übermorgen hinzugehen.

Herr B. — Das ist nicht notwendig, werte Frau; der Gärtner ist beauftragt das Haus allen Besuchern zu zeigen.

Frau A. — Danke bestens, mein Herr. Ich verabschiede mich und hoffe das Vergnügen zu haben, Sie bald wieder zu sehen.

Herr B. — Auf Wiedersehen, werte Frau, ich empfehle mich bestens.

400, 500, 600, 700, 800, 900, 1000 (tausend).

Fragen und Antworten.

Wo nimmt Herr B. das Inventar des Mobiliars seines Besitztums? Liest er das Inventar selbst? Sind die vier Zimmer des ersten Stockes in gleicher Weise möbliert? Befindet sich in jedem Zimmer ein Sofa und ein Glasschrank? Ist in jedem ein Toilettentisch? Befindet sich eine Standuhr auf dem Kaminsims des Empfangszimmers? Aus was ist sie gemacht? Hat der Spiegel einen Rahmen? Wie ist der Rahmen? Sind die vier Gemälde des Speisesaals auch eingerahmt? Spielen Sie Billard, mein Herr? Haben Sie ein Billard? Aus was sind die Billardkugeln gemacht? Ist sämmtliches Mobiliar des Landhauses des Herrn B. neu? Wann wurden die Möbel der Schlafzimmer angeschafft? Was beträgt die halbjährige Miete? Wie soll sie bezahlt werden, im voraus oder nachträglich? Wie bezahlen Sie die Miete ihrer Wohnung, monatlich, oder jährlich? Bezahlen Sie zum voraus oder am Ende der Mietzeit?

Bildet die Fragen zu den folgenden Antworten.

....? — Diese Gemälde stellen Früchte, Gemüse, Wildpret und Geflügel dar.

....? — Es sind 36 Teller da.

....? — 12 Gläser und 4 Wasserflaschen.

....? — 18 Löffel und 18 Gabeln.

....? — Er wünscht das Besitztum zu vermieten, weil er in einen Badeort geht.

....? — Er geht der Gesundheit seiner Kinder wegen.

....? — Sie wünscht einen Erlaubnisschein, das Landgut besuchen zu dürfen.

....? — Sie hat keinen Schein nötig, weil der Gärtner den Befehl hat, das Haus allen Besuchern zu zeigen.

....? — Sie sagt zu ihm : Danke bestens, mein Herr, ich hoffe Sie bald wieder zu sehen.

....? — Herr B. sagt : Auf Wiedersehen, und empfiehlt sich.

Grammatik.

Jemand und **niemand** (*somebody and nobody*) haben im Genitiv **s** oder **es**, im Dativ und Accusativ **en** oder keine Endung, z. B. :

Niemand ist hier. Das ist niemandes Geschmack Mein Nachbar leiht niemandem Geld. Ich habe jemanden gesehen.

Das englische Fürwort *one*, Mehrzahl *ones*, wird im Deutschen nicht übersetzt, z. B. : ich habe zwei Bücher, ein englisches und ein deutsches. Zwei alte Löwen und zwei Junge.

Das englische *all that* ist im Deutschen : **alles, was**; z. B., Das ist alles, was ich habe.

Das englische *some* wird entweder gar nicht oder mit **welche, einige** übersetzt; z. B., Wollen Sie Wein ? Ja, geben Sie mir welchen. Haben Sie Tabak gekauft? Ja, ich habe welchen gekauft.

ACHTZEHNTE AUFGABE. — Setzt an Stelle der Striche die Fürwörter *jemand* oder *niemand*.

Sehen Sie — im Garten ? Ich sehe —. Ist — im Empfangszimmer ? Nein, es ist — da; oder ja, es ist — da. Wer sind diese Herren ? Ich weiss es nicht, ich kenne sie nicht. Wird heute — mit uns speisen ? Nein, — wird heute mit uns speisen. Ist diese Woche — bei Ihnen auf Besuch ? Nein, nicht diese Woche, meine Mutter wird nächste Woche — einladen.

ZWANZIGSTE LEKTION

Eine Anekdote.

Heute,	to-day.	das Schau-fenster,	the show-window.
gestern,	yesterday.		
morgen,	to-morrow.	erstaunt,	amazed, astonished.
der Kaufmann,	the merchant.		
der Korb,	the basket.	das Blatt,	the leaf.
der Pfirsich,	the peach.	der Kern, Pfirsichkern,	the stone.
die Sache,	the thing.		
angelockt,	allured.	die Farbe,	the color.
leicht	easy.	indessen,	however.
schwierig, schwer,	} difficult.	kaum,	scarcely, hardly.

Zeitwörter.

INFINITIV.

gehen,	to go.	befehlen,	to command.
ausgehen,	to go out.	verbergen	to conceal.
bieten,	to offer.	brechen,	to break.
anbieten,	to offer.	helfen,	to help.
scheinen,	to shine.	nehmen,	to take.
erscheinen,	to appear.	sprechen,	to speak.
schneiden,	to cut.	stechen,	to sting.
beginnen,	to begin.	stehlen,	to steal.
kommen,	to come.	sterben,	to die.

PRÄSENS.	IMPERFECTUM.	PERFECTUM.
ich gehe,	ich ging,	ich bin gegangen.
ich biete,	ich bot,	ich habe geboten.
ich scheine,	ich schien,	ich habe geschienen.
ich schneide,	ich schnitt,	ich habe geschnitten.
ich beginne,	ich begann,	ich habe begonnen.
ich komme,	ich kam,	ich bin gekommen.

PRÄSENS.	IMPERFECTUM.	PERFECTUM.
ich befehle,	ich befahl,	ich habe befohlen,
du befiehlst,	du befahlst,	du hast befohlen,
er befiehlt.	er befahl.	er hat befohlen.
ich verberge,	ich verbarg,	ich habe verborgen,
du verbirgst,	du verbargst,	du hast verborgen,
er verbirgt.	er verbarg.	er hat verborgen.
ich breche,	ich brach,	ich habe gebrochen,
du brichst,	du brachst,	du hast gebrochen,
er bricht.	er brach.	er hat gebrochen.
ich helfe,	ich half,	ich habe geholfen,
du hilfst,	du halfst,	du hast geholfen,
er hilft.	er half.	er hat geholfen.
ich nehme,	ich nahm,	ich habe genommen,
du nimmst,	du nahmst,	du hast genommen,
er nimmt.	er nahm.	er hat genommen.
ich spreche,	ich sprach,	ich habe gesprochen,
du sprichst,	du sprachst,	du hast gesprochen,
er spricht.	er sprach.	er hat gesprochen.
ich steche,	ich stach,	ich habe gestochen,
du stichst,	du stachst,	du hast gestochen,
er sticht.	er stach.	er hat gestochen.
ich stehle,	ich stahl,	ich habe gestohlen,
du stiehlst,	du stahlst,	du hast gestohlen,
er stiehlt.	er stahl.	er hat gestohlen.
ich sterbe,	ich starb,	ich bin gestorben,
du stirbst,	du starbst,	du bist gestorben,
er stirbt.	er starb.	er ist gestorben.

Leseübung.

Heute will ich euch eine Anekdote erzählen; es ist die zweite, sie ist nicht schwierig (zu verstehen). Ich bitte genau aufzumerken, so dass ihr sie wieder erzählen könnt.

Am 18ten Januar ein tausend achthundert und ein und neunzig (1891) ging der reiche Kaufmann Arnold durch die Steinstrasse in Hamburg. In dem Schaufenster eines Obst- und Gemüseladens sah er einen Korb, in welchem zwei prachtvolle rötliche Pfirsiche auf einigen grünen Blättern ausgelegt waren.

Angelockt durch die frische Farbe der Frucht, welche um diese Jahreszeit so selten ist, ging er in den Laden.

— Was kosten diese Pfirsiche? fragte er den Händler.

— Zehn Mark beide, mein Herr.

— Sie scheinen ganz frisch zu sein; aber sind sie auch ganz reif?

— Gewiss mein Herr, sie sind nicht nur ganz reif, sondern schmecken auch ganz vortrefflich; urteilen Sie selbst.

Bei diesen Worten nahm der Händler ein Messer, schnitt einen Pfirsich entzwei, gab die eine Hälfte dem Kaufmann, welcher ihn erstaunt ansah, und ass die andere Hälfte selbst.

— Wie gefällt Ihnen die Frucht? fragte er dann.

— Sie ist köstlich, antwortete Herr Arnold; bitte, geben Sie mir die andere. Zu gleicher Zeit legte er ein Goldstück von fünf Mark auf den Ladentisch.

— Verzeihen Sie, mein Herr, sagte der Händler, indem er ihm das Goldstück zurück gab, diese Pfirsiche kosten zehn Mark, es ist mir nicht möglich sie Ihnen für weniger zu überlassen.

— Warum verlangen Sie von mir für einen Pfirsich so viel als für zwei.

— Weil ich keinen anderen mehr im Laden habe; dieses ist der letzte, und wie Sie wissen, je seltener ein Gegenstand ist, desto mehr kostet er.

Dieser Grund war für den Kaufmann kaum hinreichend, und er fand, dass der Pfirsich nicht nur sehr gut, sondern auch sehr teuer war. Er kaufte ihn indessen doch und überreichte dem Händler ein zweites Goldstück. Dann verliess er den Laden, den kleinen Korb mit der köstlichen Frucht auf den grünen Blättern sorgfältig mit sich forttragend.

Fragen und Antworten.

Was will der Herr Lehrer heute erzählen? Wozu ermahnt er seine Schüler, bevor er mit der Anekdote beginnt? Warum ersucht er sie recht aufmerksam zu sein? Wer war Herr Arnold? An was für einem Laden ging er vorbei? Was sah er in einem kleinen Korbe im Schaufenster des Ladens? Worauf lagen die beiden Pfirsiche? Sind die Pfirsiche im Monat Januar teuer? Zu welcher Zeit sind sie nicht selten? Essen Sie gern Pfirsiche, mein Herr? Essen Sie auch den Kern, der sich in der Mitte befindet? Ist dieser Kern weich oder hart wie ein Stein? Was fragte der Kaufmann den Händler beim Eintritt in den Laden? Verlangte der Händler zehn Mark für einen oder für zwei (beide) Pfirsiche? Welche Frage stellte der Kaufmann an den Händler, bevor er die Frucht kaufte? Was that der Händler um dem Kaufmann zu zeigen, dass diese Pfirsiche reif waren? Womit zerschnitt er die eine Frucht? Gab er dem Kaufmann den ganzen Pfirsich, oder gab er ihm nur die Hälfte? Was that er mit der andern Hälfte? Begreifen Sie die Überraschung des Herrn Arnold? Wie gefielen ihm die Pfirsiche? Wie viel legte er auf den Ladentisch um den zweiten Pfirsich zu bezahlen? Nahm der Händler das Gelt? Wie viel verlangte er? Welchen Grund gab er an, dass er so viel für einen Pfirsich verlangte als für beide?

Bildet Fragen zu den folgenden Antworten.

....? — Nein, er kaufte nicht den ersten, er kaufte den zweiten.

....? — Ja, die Anekdote ist leicht begreiflich.

....? — Der Kaufmann hiess Arnold.

....? — Der Laden war in der Steinstrasse.

....? — Der Händler verlangte zehn Mark für beide Pfirsiche.

....? — Der Händler gab dem Kaufmann die Hälfte der einen Frucht.

....? — Der Händler ass die eine Hälfte und der Kaufmann die andere.

....? — Der Kaufmann schaute den Händler erstaunt an.

....? — Der Kaufmann wollte für den zweiten Pfirsich fünf Mark bezahlen.

....? — Ja, der Händler weigerte sich die fünf Mark anzunehmen.

....? — Er verlangte zehn Mark.

....? — Ja, er kaufte die Pfirsiche.

....? — Er trug sie in einem kleinen Korbe fort.

....? — Ja, ich verstehe die Anekdote.

....? — Ja, ich glaube, dass ich sie wieder erzählen kann.

ANMERKUNG. — Lasst die Anekdote erzählen.

Grammatik.

Die Vorsilben **be-**, **ent-**, **emp-**, **er**, **ge**, **ver-** und **zer-** werden nie vom Zeitworte getrennt; das Participium wird daher ohne die Vorsilbe **ge-** gebildet, z. B.:

befehlen,	*to command;*	**befohlen,**	*commanded.*
empfangen,	*to receive;*	**empfangen,**	*received.*
entstehen,	*to rise;*	**entstanden,**	*risen.*
erschrecken,	*to frighten;*	**erschrocken,**	*frightened.*
verstehen,	*to understand;*	**verstanden,**	*understood.*
zerbrechen,	*to break;*	**zerbrochen,**	*broken.*

NEUNZEHNTE AUFGABE. — Schreibt die Anekdote nieder und verwandeldt die Gespräche in die erzählende Form.

EIN UND ZWANZIGSTE LEKTION.

DIE VIER JAHRESZEITEN.

Das Gras,	the grass.	der Fischfang,	the fishing.
das Nest,	the nest.	der Jäger,	the hunter.
die Blumenkrone,	the corola.	der Schnee,	the snow.
		der Schlitten,	the sleigh.
das Getreide,	the grain.	das Eis,	the ice.
eine Ähre,	an ear (of corn, wheat, rye.)	der Schlittschuh,	the skate.
der Schnitter,	the reaper.	Weihnachten,	Christmas.
eine Sichel,	a scythe.	das Geschenk,	the present.
die Weinlese,	the vintage.	der Strumpf,	the stocking.
der Winzer,	the vintager.	das Spielzeug,	the toy.
das Glück,	the happiness.	der Vorabend,	the evening before.
das Gestade, der Strand,	the beach.	der folgende Tag,	the following day.
das Seebad,	the saltwater bath.	die Ernte,	the harvest.

Zeitwörter.

INFINITIV.

zwitschern,	to warble.	wachsen,	to grow.
pflücken,	to pick.	fallen,	to fall.
rennen,	to run.	ernten,	to harvest.
gleiten,	to slide.	reifen,	to ripen.
laufen,	to walk.	werden,	to become.
schlittschuhlaufen,	to skate.		

PRÄSENS.	IMPERFECTUM.	PERFECTUM.
ich zwitschere,	ich zwitcherte,	ich habe gezwitchert.
ich pflücke,	ich pflückte,	ich habe gepflückt.
ich renne,	ich rannte,	ich bin gerannt.
ich gleite,	ich glitt,	ich bin geglitten.
ich ernte,	ich erntete,	ich habe geerntet.
ich reife,	ich reifte,	ich bin gereift.
ich falle	ich fiel	ich bin gefallen
du fällst	du fielst	du bist gefallen
er fällt	er fiel	er ist gefallen
wir fallen	wir fielen	wir sind gefallen
ihr fallt	ihr fielt	ihr seid gefallen
sie fallen.	sie fielen.	sie sind gefallen.
ich werde	ich wurde	ich bin geworden
du wirst	du wurdest	du bist geworden
er wird	er wurde	er ist geworden
wir werden	wir wurden	wir sind geworden
ihr werdet	ihr wurdet	ihr seid geworden
sie werden.	sie wurden.	sie sind geworden.
ich laufe	ich lief	ich bin gelaufen
du läufst	du liefst	du bist gelaufen
er läuft	er lief	er ist gelaufen
wir laufen	wir liefen	wir sind gelaufen
ihr lauft	ihr lieft	ihr seid gelaufen
sie laufen.	sie liefen.	sie sind gelaufen.
ich wachse	ich wuchs	ich bin gewachsen
du wächst	du wuchsest	du bist gewachsen
er wächst	er wuchs	er ist gewachsen
wir wachsen	wir wuchsen	wir sind gewachsen
ihr wachst	ihr wuchset	ihr seid gewachsen
sie wachsen.	sie wuchsen.	sie sind gewachsen.

Leseübung.

Der Frühling ist die erste Jahreszeit; das Feld, im Winter so weiss, ist jetzt grün; in den Gärten und in den Parkanlagen wachsen das Gras und die Pflanzen, und an den Bäumen die Blätter, die Vögel zwitschern und bauen ihre Nester in den Zweigen der Bäume.

Die Veilchen, die Rosen, der Flieder öffnen ihre Blütenkronen und erfüllen die Luft mit süssem Wohlgeruche. Wir pflücken die ersten Kirschen und Erdbeeren. Das Wetter ist nicht mehr so kalt, es ist erfrischend, und ohne sich zu ermüden, kann man längere Spaziergänge machen.

Nach dem Frühling kommt der Sommer. Die Hitze wird drückend in den Städten, und wenn wir uns einige Abkühlung verschaffen wollen, müssen wir sie auf dem Lande, auf den hohen Bergen oder am Strande des Meeres suchen.

Ausflüge in die Wälder, geschützt von den heissen Strahlen der Sonne, Spaziergänge am Strande des Meeres, Seebäder, Fischfang, Spazierfahrten, oder ein Ritt zu Pferd, das sind nun unsere gewöhnlichen Vergnügungen.

Unsere Gärten sind voll Blumen. (Die) Birnen, (die) Äpfel, (die) Pfirsiche, (die) Trauben und andere Früchte sind reif und liefern zu unsern Mahlzeiten einen angenehmen Nachtisch. Das Getreide ist reif; die goldenen Ähren fallen unter der Sichel des Schnitters.

Es kommt der Herbst. Die Temperatur ist weniger heiss, die Kälte kehrt zurück. Die Blätter werden gelb und fallen ab; aber die Felder sind immer noch sehr schön in ihren verschiedenen Farben von rot, gelb und braun.

Im Walde verfolgt der unerschrockene Jäger, die Flinte auf der Schulter, das Wildpret.

Jetzt sammelt man auf dem Felde die reifen Äpfel; die Winzer betreten den Weinberg und unter fröhlichem Gesang sammeln sie die Trauben, welche uns den köstlichen Wein geben.

Auf den Herbst folgt der Winter mit seiner Kälte, seinem Eis und Schnee. Das weite Feld, bedeckt mit seinem weissen Mantel, gewährt einen grossartigen Anblick; wir ziehen jedoch die Zerstreuungen der Stadt vor. Mahlzeiten, Besuche, Abendunterhaltungen, Bälle, Konzerte, Theater- und Opernaufführungen sind die beliebtesten Vergnügen dieser Jahreszeit. Schlittschuhlaufen auf dem mit Eis bedeckten See, Schlitten-fahren auf dem hartgefrornen Schnee, sind Vergnügen, womit man in kalten Ländern sich die Zeit vertreibt.

Welch eine Freude für die Kinder, wenn Weihnachten kommt! Am 24 Dezember, am Vorabend dieses Familienfestes, wie viele Strümpfe und Schuhe warten nicht in der Nähe des Herdes auf die Geschenke des willkommenen Christ-Kindleins!

Und eine Woche später, am ersten Januar, am Neujahrstage, welch ein Leben überall, welche Freude auf allen Gesichtern! "Ein glückliches Neujahr, ich wünsche ein glükliches Neujahr," hört man in den Häusern und auf den Strassen Freunde und Bekannte sich zurufen. Und mit welcher Freude empfangen unsere Kinder die Süssigkeiten und Spielsachen, die gewöhnlichen Geschenke dieses Tages!

Ein tausend und eins (1001), ein tausend und zwei (1002) ein tausend und zehn (1010), ein tausend und zwanzig (1020), ein tausend und dreissig (1030), ein tausend und vierzig (1040).

Fragen und Antworten.

Welches ist die erste Jahreszeit? Wo bauen die Vögel ihre Nester? Was wächst im Frühling in den Parkanlagen und in den Gärten? Bitte, zählen Sie die Namen einiger Blumen auf. Haben Sie die Veilchen gern? Welche Blumen haben Sie lieber, das Veilchen oder die Rose? Ziehen Sie die weisse der gelben Rose vor? Riechen die Rosen angenehm? Riecht das Gas angenehm? Riecht es unangenehm? Ist es warm im Sommer? Wo können wir Kühlung finden? Wohin gehen Sie lieber, auf einen Berg oder an die Küste des Meeres? Nehmen Sie Seebäder? Gehen Sie fischen (auf den Fischfang)? Machen Sie lange Spaziergänge? Können Sie reiten? Machen Sie Ausflüge zu Pferd oder im Wagen? Gehen Sie spazieren, oder reiten oder fahren Sie? Welche Früchte haben Sie am liebsten, die Birnen, die Pfirsiche, die Äpfel, die Kirschen oder die Erdbeeren? Essen wir das Obst, wenn es unreif oder wenn es reif ist? Ist unreifes Obst gut oder schlecht, gesund oder ungesund? Wächst viel Getreide im Westen? In welcher Jahreszeit findet die Ernte statt? Befinden sich mehrere Körner in einer Ähre? Gebrauchen die Schnitter im Westen Sicheln oder Maschinen um das Getreide zu schneiden? Welche verschiedenen Farben zeigen die Blätter im Herbst? Bleiben die Blätter an den Bäumen oder fallen sie ab? Gehen Sie auf die Jagd? Giebt es viel Wild in diesem Lande? In welcher Jahreszeit werden die Äpfel gesammelt? Woraus bereitet man den Obstwein? Woraus bereitet man den

Wein? Welche Weine trinken Sie lieber, Rheinweine oder französische Weine? Welche Zerstreuungen bietet das Leben in der Stadt im Winter? Haben Sie Schlittschuhe? Wollen Sie schlittschuhlaufen? Haben Sie einen Schlitten? Wann hängen die Kinder ihre Strümpfe an den Kaminsims und stellen ihre Schuhe um den Feuerherd, am Weihnachtstage oder am Abende vor Weihnachten? Wie nennt man den ersten Tag des Jahres? Welches ist der gewöhnliche Neujahrsgruss? Was giebt man den Kindern gewöhnlich als Neujahrgeschenk? Essen die Kinder gern Süssigkeiten? Und Sie, mein Fräulein, lieben Sie dieselben auch? Essen Sie oft welche?

Bildet Fragen zu den folgenden Antworten.

....? — Man hört die Vögel singen.
....? — Ja, das Veilchen riecht angenehm.
....? — Sie (die Veilchen) sind blau oder weiss.
....? — Nein, es giebt keine blauen Rosen.
....? — Im Frühlinge pflücken wir Kirschen und Erdbeeren.
....? — Wir essen Erdbeeren mit Rahm und Zucker.
....? — Ja, sie sind auch vortrefflich mit Wein und Zucker.
....? — Die reifen Getreide-Ähren sind gelb.
....? — Wir gehen mit der Flinte auf die Jagd.
....? — Nein, ich bin kein guter Schütze (Jäger).
....? — Die Weinlese findet im Oktober statt.
....? — Die Winzer sammeln die Trauben.
....? — In kalten Ländern ist das Schlittschuhlaufen ein gewöhnliches Vergnügen.
....? — Man hat in Berlin jeden Winter Gelegenheit zum Schlittschuhlaufen.
....? — Es giebt viele Schlitten in München.
....? — Weil es in München jeden Winter viel schneit.

Grammatick.

Wenn mehrere Hauptwörter auf einander folgen und der Artikel vor dem ersten steht, so muss er, wenn die Hauptwörter in der Einzahl stehen, vor jedem einzelnen wiederholt werden. Er wird nicht wiederholt, wenn sie in der Mehrzahl stehen; z. B., das Messer und die Gabel, der Löffel und der Teller. Ein Mann, eine Frau und ein Kind. Die Wiesen, Felder und Wälder werden gelb.

Das deutsche : **Manch** ist im englischen *many a*.

Mancher Mann, *many a man*.

Manch ein Mann, *many a man*.

Das englische *to be going*, oder *about to do*, wird im Deutschen auf verschiedene Weisen ausgedrückt :

Er will eben abreisen, er ist im Begriff abzureisen, er steht auf dem Punkte abzureisen : *he is going to set out*.

Er wollte eben antworten : *he was about to reply*.

Er war im Begriff zu sprechen : *he was going to speak*.

In der gewöhnlichen Wortfolge des Satzes steht das Subjekt im Anfange; dann folgt das Zeitwort und dann die andern Satzteile. Das Partizipium und der Infinitiv kommen am Ende des Satzes; z. B. :

Er muss das Spiel ungemein geliebt haben, *he must have loved to play exceedingly well*.

Ich habe das Buch nicht gelesen, *I have not read the book*.

In einem abhängigen (*dependent*) Satze steht das Zeitwort am Ende; z. B. :

Er zeigte mir den Brief, den er erhalten hatte, *he showed me the letter he had received*.

In einer Frage steht das Zeitwort im Anfang, und das Subject folgt, z. B.:

Hat er den Brief geschrieben? Schreibt der Schüler die Aufgabe?

In einem Erzählsatze kann irgend ein Satzglied an den Anfang gestellt werden, nur muss man dann dem Ganzen die Frageform geben; z. B.:

Gestern habe ich meine Freunde besucht. Auf der Strasse sah ich gestern viele Leute.

ZWANZIGSTE AUFGABE. — Beantwortet die folgenden Fragen:
Was sehen wir im Frühlinge in den Gärten?
Welche Blumen und Früchte pflücken wir im Frühlinge?
Warum verlassen wir im Sommer die Stadt und wohin gehen wir?
Welches sind die Freuden des Sommers auf dem Lande?
Was thut der Schnitter?
Welche Veränderungen nehmen wir im Herbste auf dem Lande wahr?
Welches sind die Freuden des Herbstes?
Was thut der Winzer?
Welches sind die Vergnügen der Stadt während des Winters?
Warum freut sich die Jugend auf das Weihnachtsfest?

ZWEI UND ZWANZIGSTE LEKTION.

Beschäftigungen während des Tages.

Der Tag,	the day.	der Klub,	} the club.
der Abend,	the evening.	der Verein,	
die Zeitung,	the newspaper.	das Mittag-	} the dinner.
täglich,	daily.	essen,	
wöchentlich,	weekly.	die Partie,	
die Ecke,	the corner.	(Karten, Bil-	} the game.
das Frühstück,	the breakfast.	lard),	
das Ei,	the egg.	früh,	early.
die Butter,	the butter.	spät,	late.
die Semmel,	} the roll.	der Abonnent,	the subscriber.
(Brot),		die Monats-	} the monthly
das Bad,	the bath.	schrift,	magazine.
der Schlaf,	the sleep.		

Zeitwörter.

INFINITIV.

schlafen,	to sleep.	springen,	to spring.
leben,	to live.	sinken,	to sink.
frühstücken,	to breakfast.	zwingen,	to force.
arbeiten,	to work.	lassen,	to allow (let).
plaudern,	to chat.	die Zeit ver-	} to pass the
aufstehen,	to get up.	treiben,	time.
sich erheben,	to rise.	sich wohl be-	} to be well.
zu Bett gehen,	to go to bed.	finden,	
trinken,	to drink.		

PRÄSENS.	IMPERFECTUM.	PERFECTUM.
ich trinke,	ich trank,	ich habe getrunken.
ich springe,	ich sprang,	ich bin gesprungen.
ich sinke,	ich sank,	ich bin gesunken.
ich zwinge,	ich zwang,	ich habe gezwungen.
ich schlafe	ich schlief	ich habe geschlafen
du schläfst	du schliefst	du hast geschlafen
er schläft	er schlief	er hat geschlafen
wir schlafen	wir schliefen	wir haben geschlafen
ihr schlaft	ihr schliefet	ihr habt geschlafen
sie schlafen.	sie schliefen.	sie haben geschlafen.
ich erhebe mich	ich erhob mich	ich habe mich erhoben
du erhebst dich	du erhobst dich	du hast dich erhoben
er erhebt sich	er erhob sich	er hat sich erhoben
wir erheben uns	wir erhoben uns	wir haben uns erhoben
ihr erhebt euch	ihr erhobt euch	ihr habt euch erhoben
sie erheben sich.	sie erhoben sich.	sie haben sich erhoben.
ich befinde mich	ich befand mich	ich habe mich befunden
d. befindest dich	d. befandest dich	du hast dich befunden
er befindet sich	er befand sich	er hat sich befunden
wir befinden uns	w. befanden uns	wir haben uns befunden
ihr befindet euch	ihr befandet euch	ihr habt euch befunden
sie befinden sich.	sie befanden sich.	sie haben sich befunden.
ich lasse	ich liess	ich habe gelassen
du lässest	du liessest	du hast gelassen
er lässt	er liess	er hat gelassen
wir lassen	wir liessen	wir haben gelassen
ihr lasst	ihr liesst	ihr habt gelassen
sie lassen.	sie liessen.	sie haben gelassen.

Leseübung.

Ein Gespräch.

M. — Wie bringen Sie im Winter gewöhnlich den Tag zu, wenn Sie sich in München befinden, Herr N.?

N. — Ich stehe früh, zwischen halb sieben und sieben Uhr auf; ich nehme ein Bad, ziehe mich an, gehe dann aus um bei dem Zeitungshändler an der Ecke der nächsten Strasse eine Zeitung zu kaufen; dann gehe ich wieder nach Hause, um zu lesen, bis das Frühstück bereit ist.

M. — Welche Zeitung lesen Sie?

N. — Ich lese die *Neueste Nachrichten* und die *Kreuzzeitung*.

M. — Lesen Sie nicht auch eine Monatsschrift, z. B.: *Über Land und Meer*, oder die *Gartenlaube*?

N. — Ja doch, ich habe auf *Vom Fels zum Meer* abonniert.

M. — Um wie viel Uhr frühstücken Sie?

N. — Um halb neun Uhr.

M. — Essen Sie zum Frühstück Fleisch, Fisch, Eier, u. s. w. (und so weiter — *and so forth*), wie die Amerikaner?

N. — Nein, ich trinke nur eine Tasse Kaffee mit Milch, oder eine Tasse Schokolade, und esse eine Semmel mit Butter. Ich kann unmöglich am Morgen Fleisch oder Fisch essen.

M. — Was thun Sie hernach?

N. — Ich mache einen Spaziergang bis neun Uhr; dann begebe ich mich auf mein Zimmer um zu arbeiten.

M. — Bis wann arbeiten Sie?

N. — Bis halb ein oder ein Uhr; dann gehe ich in den Speisesaal hinunter, um mein Gabelfrühstück (*luncheon*) zu nehmen; nachher mache ich einen kleinen Spaziergang zu Fuss oder ich besuche einige Freunde im Vereinslokal. Um drei Uhr gehe ich wieder nach Hause und arbeite bis sieben Uhr, um welche Zeit die eigentliche Mahlzeit eingenommen wird.

M. — Gehen Sie nach dem Essen wieder aus?

N. — Nein, ich bleibe zu Hause; gewöhnlich bringen einige Freunde den Abend bei mir zu. Wir plaudern, machen eine oder zwei Partien Billard, oder wir spielen Whist und trinken eine Tasse Thee.

M. — Bis um wie viel Uhr bleiben ihre Freunde gewöhnlich bei Ihnen?

N. — Sie nehmen zwischen elf Uhr und Mitternacht Abschied.

M. — Sie gehen sehr spät zu Bett; Sie schlafen nicht lange, da Sie schon um halb sieben Uhr aufstehen.

N. — Sie haben ganz Recht; ich schlafe nur ungefähr sieben Stunden; allein ich bin daran gewöhnt und ein Schlaf von sieben Stunden ist für mich genügend. Wie Sie sehen, befinde ich mich sehr wohl.

Ein tausend und fünfzig (1050), ein tausend und sechszig (1060), ein tausend und siebenzig (1070), ein tausend und achtzig (1080), ein tausend und neunzig (1090).

Fragen und Antworten.

Steht Herr N. früh auf? Um wie viel Uhr stehen Sie auf? Was thut Herr N. zuerst, nachdem er aufgestanden ist? Warum geht er aus? Wo kauft er seine Zeitungen?

Liest er dieselben auf der Strasse? Wann liest er sie?
Auf welche Monatsschrift hat Herr N. abonniert? Was
isst Herr N. zum Frühstück? Warum isst er zum Frühstück weder Fleisch noch Fisch? Was essen Sie gewöhnlich zum Frühstück, werte Frau? Um wie viel Uhr frühstücken Sie? Machen Sie nach dem Frühstück einen
Spaziergang? Geht Herr N. spazieren? Und Sie, mein
wertes Fräulein, gehen Sie nach dem Essen spazieren?
Wie lange geht Herr N. spazieren? Wo arbeitet er nach
dem Spaziergang? Bis wann arbeitet er? Um wie viel
Uhr geht er in den Speisesaal hinunter, um sein Gabelfrühstück zu essen? Macht er nach dem Lunch einen
Spazierritt zu Pferde oder fährt er im Wagen? Wo besucht er seine Freunde? Um wie viel Uhr geht er nach
Hause, um wieder zu arbeiten? Arbeitet er lange? Was
thut er von drei bis sieben Uhr nachmittags? Geht er
nach der Mahlzeit wieder aus? Bringt er seine Abende
allein zu? Mit wem verbringt er die Abende? Wie
bringen seine Freunde die Zeit zu? Geht er früh oder
spät zu Bett? Um wie viel Uhr begiebt er sich zu
Bett? Und Sie, mein Herr, gehen Sie früher oder später
als Herr N. zu Bett? Wie viele Stunden schläft Herr N.?
Befindet er sich wohl? Und Sie, mein Fräulein, wie
befinden Sie sich?

Bildet Fragen zu den folgenden Antworten.

....? — Herr N. nimmt am Morgen ein Bad.

....? — Er liest die Zeitungen zu Hause.

....? — Er liest die *Neueste Nachrichten* oder auch die *Kreuzzeitung*.

....? — Nein, er hat auf diese Monatsschriften nicht abonniert.

....? — Er hat auf *Vom Fels zum Meere* abonniert.

....? — Nein, Herr N. frühstückt nicht in einer Restauration.

....? — Er frühstückt zu Hause.

....? — Er geht bis neun Uhr spazieren.

....? — Um neun Uhr geht er in sein Zimmer um zu arbeiten.

....? — Er arbeitet von neun bis halb ein Uhr.

....? — Nach dem Spaziergang besucht er seine Freunde.

....? — Er macht den Spaziergang nach dem Lunch.

Ist *Lunch* ein deutsches Wort? — Nein, *Lunch* ist ein englisches Wort.

Gebraucht man dieses Wort in Deutschland? — Man gebraucht es in Amerika, in England, und auch in vielen deutschen Städten, z. B. in Hamburg.

Grammatik.

Das Wort **lassen** (*to let, to permit*) hat mehrere Bedeutungen, z. B.: Ich weckte ihn nicht, ich liess ihn schlafen; *I did not wake him, I let him sleep.* Lasst uns gehen; *let us go.* Ich liess meinen Bruder zu mir kommen; *I had my brother come to me.* Du lässest den Diener ihn gewöhnlich hereinrufen; *you generally have the servant call him in.* Ich will meine Bücher binden lassen; *I am going to have my books bound.* Bei wem lassen Sie gewöhnlich Ihre Bücher einbinden? *Where do you have your books bound usually?* Das lasse ich nicht zwei mal geschehen; *that I do not allow to happen twice.* Lassen Sie die Damen eintreten; *tell the ladies come in.* Er liess sich rufen; *he had himself called.* Darüber lässt sich Vieles sagen; *a good deal may be said about this.*

Ein und zwanzigste Aufgabe. — Setzt die folgenden Sätze in die dritte Person der Einzahl:

Ich stehe um halb sieben Uhr auf, nehme ein Bad, kleide mich an und gehe dann zum Frühstück.

Ich trinke nur eine Tasse Kaffee mit Milch und esse ein Butterbrot.

Ich gehe bis neun Uhr spazieren.

Ich gehe in den Speisesaal hinunter und warte auf das Frühstück.

Schreibt mit Buchstaben die Zahlen 848, 999, 1000, 1010.

DREI UND ZWANZIGSTE LEKTION.

Sein, *to be* (siehe erste Lektion).

IMPERFECTUM.

ich war	wir waren
du warst	ihr wart
er war	sie waren.

PERFECTUM.

ich bin gewesen	wir sind gewesen
du bist gewesen	ihr seid gewesen
er ist gewesen	sie sind gewesen.

PLUSQUAMPERFECTUM.

ich war gewesen	wir waren gewesen
du warst gewesen	ihr wart gewesen
er war gewesen	sie waren gewesen.

FUTURUM.

ich werde sein	wir werden sein
du wirst sein	ihr werdet sein
er wird sein	sie werden sein.

FUTURUM EXACTUM.

ich werde gewesen sein	wir werden gewesen sein
du wirst gewesen sein	ihr werdet gewesen sein
er wird gewesen sein	sie werden gewesen sein.

Regelmässige, schwache, Zeitwörter.

INFINITIV.

kleiden,	*to dress*.	arbeiten,	*to work*.
besuchen,	*to visit*.	spielen,	*to play*.

PRÄSENS.	IMPERFECTUM.	PERFECTUM.
ich kleide,	ich kleidete,	ich habe gekleidet.
ich besuche,	ich besuchte,	ich habe besucht.
ich arbeite,	ich arbeitete,	ich habe gearbeitet.
ich spiele,	ich spielte,	ich habe gespielt.

Unregelmässige, starke, Zeitwörter.

INFINITIV.

bringen,	to bring.	essen,	to eat.
stehen,	to stand.	thun,	to do.
aufstehen,	to get up.	begeben,	to go.
gehen,	to go.	steigen,	to mount.
ausgehen,	to go out.	bleiben,	to remain.
lesen,	to read.	verbringen,	to pass.
trinken,	to drink.	schlafen,	to sleep.

PRÄSENS.	IMPERFECTUM.	PERFECTUM.
ich bringe,	ich brachte,	ich habe gebracht.
ich verbringe,	ich verbrachte,	ich habe verbracht.
ich stehe,	ich stand,	ich bin gestanden.
ich gehe,	ich ging,	ich bin gegangen.
ich trinke,	ich trank,	ich habe getrunken.
ich thue,	ich that,	ich habe gethan.
ich steige,	ich stieg,	ich bin gestiegen.
ich bleibe,	ich blieb,	ich bin geblieben.

ich lese ich las, ich habe gelesen.
(du liesest, er liest.)

ich esse ich ass, ich habe gegessen.
(du issest, er isst.)

ich begebe, ich begab ich habe begeben.
(du begiebst, er begiebt.)

ich schlafe ich schlief, ich habe geschlafen.
(du schläfst, er schläft.)

Leseübung.

GESPRÄCH. (Beschäftigung.)

M. — Wie brachten Sie gewöhnlich Ihre Tage zu, als Sie in München waren?

N. — Ich stand früh auf, zwischen halb sieben und sieben Uhr, nahm ein Bad, kleidete mich an und ging aus, um bei dem Händler an der Ecke der Strasse Zeitungen zu kaufen; dann ging ich wieder nach Hause, um dieselben zu lesen, während ich auf das Frühstück wartete.

M. — Welche Zeitungen lasen Sie gewöhnlich?

N. — Die *Neueste Nachrichten* und die *Kreuzzeitung*.

M. — Lasen Sie keine Zeitschriften (Monatsschriften)?

N. — Ich hatte auf *Vom Fels zum Meere* abonniert.

M. — Um wie viel Uhr frühstückten Sie?

N. — Um halb neun Uhr.

M. — Hatten Sie nach amerikanischer Weise Fleisch, Fisch und Eier zum Frühstück?

N. — Ich trank nur eine Tasse Kaffee mit Milch oder eine Tasse Schokolade und ass eine Semmel mit Butter dazu. Es war mir nicht möglich des Morgens Fleisch und Fisch zu essen.

M. — Was thaten Sie nachher?

N. — Ich ging bis neun Uhr spazieren; um neun Uhr begab ich mich auf mein Zimmer um zu arbeiten.

M. — Wie lange arbeiteten Sie?

N. — Bis halb ein oder ein Uhr; dann ging ich in den Speisesaal hinunter, um mein Gabelfrühstück zu essen. Nach dem Essen ging ich spazieren und besuchte einige Freunde im Klubhause. Um drei Uhr ging ich wieder nach Hause um bis sieben Uhr zu arbeiten. Sieben Uhr war die Stunde der eigentlichen Mahlzeit.

M. — Gingen Sie nach dem Essen wieder aus?

N. — Nein, ich blieb zu Hause; es besuchten mich gewöhnlich einige Freunde und wir verbrachten den Abend mit Plaudern; oft spielten wir auch eine oder zwei Partien Billard, oder wir spielten Whist und tranken eine Tasse Thee.

M. — Wie lange blieben die Freunde bei Ihnen?

N. — Sie verabschiedeten sich zwischen elf Uhr und Mitternacht.

M. — Sie gingen mithin sehr spät zu Bett; auch schliefen Sie nicht lange, da Sie schon um halb sieben oder sieben Uhr aufstanden.

N. — Sie haben Recht, ich schlief nur ungefähr sieben Stunden, aber ich war es so gewohnt und ein Schlaf von sieben Stunden war für mich genügend; ich befand mich bei einer solchen Lebensweise ganz wohl.

Fragen und Antworten.

Der Lehrer wird gut thun, die Fragen von Lektion 21 hier zu wiederholen jedoch im Imperfectum, und die Schüler in derselben Zeitform antworten zu lassen. Dieselben Fragen sollten auch auf die erste und dritte Person der Mehrzahl ausgedehnt werden, z. B.: Standen Ihr Bruder und Sie früh oder spät auf? Wir standen um sieben Uhr auf. Um wie viel Uhr standen die Herren O. und P. auf? Sie standen um acht Uhr auf.

Grammatik.

Können, *to be able;* ich kann, ich konnte, ich habe können, oder gekonnt. Dieses Zeitwort drückt eine Möglichkeit (*possibility*) aus, z. B. : Es kann nicht sein, dass er gelogen hat; *it cannot be that he has lied.* Ein Blinder kann nicht sehen; *a blind man cannot see.* Ich kann es wirklich nicht erlauben, es wäre eine Sünde; *I really cannot allow it, it would be a sin.* Ich zitterte so heftig, dass ich nicht sprechen konnte; *I trembled so violently that I could not speak.*

Können bedeutet auch *to know, to understand,* wenn von Sprachen die Rede ist. Können Sie Deutsch? *Do you understand German?*

Können bedeutet auch : im Stande sein. Ich kann Ihnen die gewünschten Bücher nicht leihen (ich bin nicht im Stande Ihnen die gewünschten Bücher zu leihen), denn ich besitze sie nicht. *I cannot lend you the books wished for, for I have not got them.*

"Ich kann nicht umhin" ist im Englischen : *I cannot help,* z. B., Ich konnte nicht umhin zu lachen, *I could not help laughing.*

ZWEI UND ZWANZIGSTE AUFGABE. — Schreibt die Leseübung ab und setzt statt der ersten die dritte Person.

VIER UND ZWANZIGSTE LEKTION.

Eine Anekdote.

Eine fremde Sprache,	a foreign language.	gleichbedeutend,	synonymous.
gebrauchen, anwenden, Gebrauch machen,	to use.	der Fasan,	the pheasant.
		die Geschicklichkeit, das Geschick,	the skill.
der Fehler,	the mistake.	das Rasiermesser,	the razor.
eine Tasche,	a pocket.		
das Notizbuch,	the note book.	die Livree,	the livery.
die Speisekarte,	the bill of fare.	der Leibrock,	the evening dress.
der Feinschmecker,	the judge of good living, epicure.	das Lächeln, krank, das erste Mal,	the smile. ill, sick. the first time.
die Bedeutung,	the signification.	die Bemerkung,	the remark.
das Abenteuer,	the adventure.	das Verdienst,	the merit.

Schwache Zeitwörter.

INFINITIV.

erlernen,	to learn.	beobachten,	to watch.
begegnen,	to meet.	bedeuten,	to signify.
zerlegen,	to carve.	melden,	to announce.

Starke Zeitwörter.

INFINITIV.

kennen,	to know.	aufhalten,	to stop.
begehen,	to commit.	anwenden,	to use.

wissen, *to know.* erhalten, *to receive.*
schneiden, *to cut.* müssen, *must.*
eintreffen, *to arrive.* heissen, *to call.*
werden, *to become.*

PRÄSENS.	IMPERFECTUM.	PERFECTUM.
ich kenne,	ich kannte,	ich habe gekannt.
ich begehe,	ich beging,	ich habe begangen.
ich weiss,	ich wusste,	ich habe gewusst.
ich schneide,	ich schnitt,	ich habe geschnitten.
ich treffe ein,	ich traf ein,	ich bin eingetroffen.
ich halte auf,	ich hielt auf,	ich habe aufgehalten.
ich wende an,	ich wandte an,	ich habe angewandt.
ich erhalte,	ich erhielt,	ich habe erhalten.
ich muss	ich musste	ich habe müssen, gemusst
du musst	du musstest	du hast müssen
er muss	er musste	er hat müssen
wir müssen	wir mussten	wir haben müssen
ihr müsst	ihr musstet	ihr habt müssen
sie müssen.	sie mussten.	sie haben müssen.
ich heisse	ich hiess	ich habe geheissen
du heissest	du hiessest	du hast geheissen
er heisst	er hiess	er hat geheissen
wir heissen	wir hiessen	wir haben geheissen
ihr heisst	ihr hiesset	ihr habt geheissen
sie heissen.	sie hiessen.	sie haben geheissen.

FUTURUM.

ich werde werden   wir werden werden
du wirst werden   ihr werdet werden
er wird werden   sie werden werden.

Leseübung.

Wenn man eine fremde Sprache erlernt, muss man die Bedeutung eines Wortes genau kennen, bevor man dasselbe anwendet, sonst begeht man leicht sehr grosse Fehler. Das folgende interessante Abenteuer liefert (*offers*) einen Beweis davon.

Vor einigen Jahren erlernte ein junger Engländer aus guter Familie im Studio eines berühmten Künstlers in Paris die Malerei.

Dieser junge Engländer, Dodd mit Namen, hatte sich seit zwei Jahren in Frankreich aufgehalten; er verstand ziemlich gut französisch, sprach es aber sehr selten. Er hatte immer ein kleines Notizbuch in seiner Tasche, in welches er sich alle neuen Ausdrücke, die er hörte, notierte.

Er war in Paris mit einem alten Freunde seines Vaters, dem Doktor Loyal, bekannt, welcher ihn von Zeit zu Zeit zu einem Mittagessen einlud. Herr Dodd wusste, dass man beim Doktor gut speiste, und niemals, wenn er eine Einladung erhalten hatte, war er zu spät eingetroffen.

Eines Abends speiste er auch mit dem Doktor und seiner Frau. Die Speisekarte war einfach aber einladend: Austern, Suppe, ein Vorgericht (*entrée*), Fasanenbraten, Desert und Kaffee. Der Doktor, der ein Feinschmecker war, hatte immer ausgezeichneten Wein.

Als der Fasan aufgetragen war, zerlegte ihn Herr Loyal, dessen Lieblingsbeschäftigung es war selbst zu zerlegen; und er that es mit grossem Geschick.

— Sie verstehen sich auf's Zerlegen mein Herr, sagte der Engländer, der ihn aufmerksam beobachtete.

— Das ist kein grosses Verdienst, antwortete der Doktor, es ist eine sehr leichte Arbeit, denn mein Messer schneidet wie ein Rasiermesser.

— Wie ein Rasiermesser? Was wollen Sie damit sagen? ich höre diesen Ausdruck zum ersten Mal.

— Das bedeutet einfach : sehr gut.

Zwei Wochen später wurde Herr Dodd zu einer grossen Abendunterhaltung im Hause der Marquise von Beauséant eingeladen.

Es war zehn Uhr abends. Madame Beauséant wartete auf ihre Gäste im Hintergrunde des Empfangszimmers; es waren schon viele versammelt. Ein Bedienter in Livree stand an der Thür und meldete die ankommenden Gäste.

Der junge Engländer kommt; der Diener fragt ihn nach seinem Namen und seiner Adresse.

Herr Dodd, in seinem Gesellschafts-Anzuge, in seinem ungewöhnlich hohen Kragen und seiner weissen Halsbinde geht ernsten Schrittes auf die Marquise zu und grüsst sie.

— Es ist sehr liebenswürdig von Ihnen, mein Herr, dass Sie gekommen sind, und es freut mich sehr, Sie zu sehen, sagte Madame Beauséant mit zuvorkommendem Lächeln zu ihm, wie ich gehört habe, sind Sie krank gewesen, wie befinden Sie sich jetzt?

— Wie ein Rasiermesser, gnädige Frau, war die schnelle Antwort.

Fragen und Antworten.

Was muss man erwarten, wenn man ein Wort anwendet, dessen Bedeutung man nicht genau kennt? Von wem ist in der obigen Anekdote die Rede? Weshalb befand sich der junge Engländer in Paris? Wie lange war er schon in Frankreich? Sprach er gut französisch? Warum hatte er immer ein Notizbuch in seiner Tasche? Hatte er Bekannte in Paris? Wen kannte er? Wer war Doctor Loyal? Lud der Doctor den jungen Engländer oft ein, ihn zu besuchen? Lud er ihn mit grossen Förmlichkeiten zum Essen ein? Was enthielt die Speisekarte, von welcher in der obigen Anekdote gesprochen wird? Ist der Fasan Wildpret oder Geflügel? War der Fasan gebraten oder gekocht? Warum zerlegt der Doktor selbst? Womit zerlegt er? Zerlegt er mit einem gewöhnlichen Tischmesser oder mit einem Vorlegemesser? Verstehen Sie sich auf's Zerlegen, mein Herr? War der Doktor gewandt im Zerlegen? War das Messer des Herrn Doktor scharf? Kannte der Engländer den Ausdruck: scharf wie ein Rasiermesser? War er neu für ihn? Welche Bemerkung schrieb er in sein Notizbuch?

Bildet Fragen zu den folgenden Antworten.

....? — Er hiess Dodd.
....? — Er trug immer ein Notizbuch in seiner Tasche.
....? — Er notierte sich alle Wörter, die er zum ersten Male hörte.
....? — Ein Bedienter meldete ihn an.
....? — Der Bediente stand an der Thüre des Empfangssaales.
....? — Er war in Livree.

....? — Sie erwartete ihre Gäste im Hintergrunde des Empfangszimmers.

....? — Es war zehn Uhr.

....? — Er trug einen schwarzen Leibrock.

....? — Es ist sehr liebenswürdig von Ihnen, dass Sie gekommen sind.

....? — Auf die Frage : Wie befinden Sie sich jetzt? antwortete er : wie ein Rasiermesser.

....? — Er wollte sagen : Ich befinde mich sehr wohl.

NOTA. — Erzählt die Anekdote wieder.

Grammatik.

Der Gebrauch der Zeiten ist im Deutschen nahezu derselbe wie im Englischen. Es giebt jedoch im Deutschen nur **eine** Form für die **drei** Englischen; z. B. : *I am writing*, *I do write* und *I write*, ist im Deutschen : Ich schreibe.

Auch gebraucht man im Englischen oft die Zukunft, wo wir im Deutschen die Gegenwart anwenden; z. B. : In drei Tagen komme ich wieder, *I shall be back in three days*. Im Deutschen gebraucht man auch die Gegenwart, namentlich mit 'schon' (*already*) oder 'seit' (*since*), wo man im Englischen das Perfectum gebraucht zur Bezeichnung einer noch andauernden Handlung; z. B. : Wie lange sind Sie schon in Deutschland? *How long have you been in Germany?* Ich lerne es schon sechs Monate; *I have been learning it for six months.*

Das Imperfectum wird wie im Englischen gebraucht, um das zu bezeichnen, was sich oft ereignet, oder um Nebenumstände zu bezeichnen; auch verleiht es der Erzählung mehr Würde, während tägliche, gewöhnliche Ereignisse mit dem Perfectum wiedergegeben werden; z. B.: Sie schliefen gewöhnlich acht Stunden; *you used to sleep eight hours.* Die Meisten rauchten und spielten, als wir eintraten, *most of them were smoking and playing when we entered.* Er ist gestorben, bevor ich geboren war; *he died before I was born.* Als ich auf der Brücke war, fiel ein Kind in's Wasser; *when I was on the bridge, a child fell into the water.*

Das Imperfectum wird auch gebraucht, um zu bezeichnen, was früher gewesen war und noch war; z. B.: Wie lange waren Sie schon da? *How long had you been here?*

Mit Ausnahme des oben gesagten, entsprechen das Perfectum und Plusquamperfectum den englischen Zeitformen.

DREI UND ZWANZIGSTE AUFGABE. — Schreibt die Anekdote als ob der Engländer sie selbst erzählt.

FÜNF UND ZWANZIGSTE LEKTION.

Gespräch.

Starke Zeitwörter.

INFINITIV.

beissen,	to bite.	pfeifen,	to whistle.
erbleichen,	to turn pale.	reissen,	to tear.
gleichen,	to resemble.	schneiden,	to cut.
begreifen,	to understand.	bleiben,	to stay.
leiden,	to suffer.	schreiben,	to write.
binden,	to tie.	schwingen,	to swing.
dringen,	to press, insist.	singen,	to sing.
finden,	to find.	springen,	to run.
gelingen,	to succeed.	winden,	to wind.
klingen,	to resound.	zwingen,	to force.

PRÄSENS.	IMPERFECTUM.	PERFECTUM.
ich beisse,	ich biss,	ich habe gebissen.
ich erbleiche,	ich erblich,	ich bin erblichen.
ich gleiche,	ich glich,	ich habe geglichen.
ich begreife,	ich begriff,	ich habe begriffen.
ich leide,	ich litt,	ich habe gelitten.
ich pfeife,	ich pfiff,	ich habe gepfiffen.
ich reisse,	ich riss,	ich habe gerissen.
ich schneide,	ich schnitt,	ich habe geschnitten.
ich bleibe,	ich blieb,	ich bin geblieben.
ich schreibe,	ich schrieb,	ich habe geschrieben.

PRÄSENS.	IMPERFECTUM.	PERFECTUM.
ich binde,	ich band,	ich habe gebunden.
ich dringe,	ich drang,	ich bin gedrungen.
ich finde,	ich fand,	ich habe gefunden.
es gelingt,	es gelang,	es ist gelungen.
es klingt,	es klang,	es hat geklungen.
ich schwinge,	ich schwang,	ich habe geschwungen.
ich singe,	ich sang,	ich habe gesungen.
ich springe,	ich sprang,	ich bin gesprungen.
ich winde,	ich wand,	ich habe gewunden.
ich zwinge,	ich zwang,	ich habe gezwungen.

Leseübung.

M. — Wie haben Sie gestern Ihre Zeit zugebracht?

N. — Ich bin früh zwischen halb sieben und sieben Uhr aufgestanden; ich habe ein Bad genommen und mich dann angekleidet; hierauf bin ich ausgegangen, um bei dem Buchhändler an der Ecke der Strasse Zeitungen zu kaufen; dann bin ich nach Hause gegangen, um dieselben zu lesen, bis das Frühstück aufgetragen wurde.

M. — Welche Zeitungen haben Sie gelesen?

N. — Die *Neueste Nachrichten* und die *Kreuzzeitung*.

M. — Um wie viel Uhr haben Sie gefrühstückt?

N. — Um halb neun Uhr.

M. — Haben Sie nach amerikanischer Art Fleisch, Fisch und Eier zum Frühstück gehabt?

N. — Nein, ich habe nur eine Tasse Schokolade getrunken und eine Semmel mit Butter gegessen.

M. — Was haben Sie nachher gethan?

N. — Ich bin bis neun Uhr spazieren gegangen; um neun Uhr habe ich mich auf mein Zimmer begeben, um zu arbeiten.

M. — Wie lange (bis wann) haben Sie gearbeitet?

N. — Bis halb ein oder ein Uhr. Dann bin ich in den Speisesaal hinuntergegangen, um meinen Lunch (Gabelfrühstück) zu nehmen; nachher bin ich wieder spazieren gegangen und habe im Klubhause einige Freunde besucht. Um drei Uhr bin ich wieder nach Hause gegangen um bis sieben Uhr, der Stunde der eigentlichen Mahlzeit, zu arbeiten.

M. — Sind Sie nach dem Essen wieder ausgegangen?

N. — Nein, ich bin zu Hause geblieben. Einige Freunde sind zu mir auf Besuch gekommen; wir haben geplaudert und eine Partie Billard gespielt; zur Abwechslung haben wir auch Whist gespielt und eine Tasse Thee getrunken.

M. — Bis um wie viel Uhr sind Ihre Freunde bei Ihnen geblieben?

N. — Sie sind um halb zwölf Uhr fortgegangen.

M. — Sie sind folglich sehr spät zu Bett gegangen und haben nicht lange geschlafen, wenn Sie so früh wie gestern aufgestanden sind.

N. — Das ist wahr, ich habe nur ungefähr sieben Stunden geschlafen; allein ich bin es gewöhnt, und ein Schlaf von sieben Stunden ist für mich hinreichend. Ich befinde mich bei einer solchen Lebensweise ganz wohl.

Fragen und Antworten.

Um wie viel Uhr ist gestern Herr N. aufgestanden? Was hat er sofort nach seinem Aufstehen gethan? Zu welchem Zwecke ist er ausgegangen? Wo hat er seine Zeitungen gekauft? Hat er dieselben auf der Strasse gelesen? Wann hat er sie gelesen? Was hat er zum Frühstück gegessen? Mit wem haben Sie heute gefrühstückt, Herr R.? Haben Sie nach dem Frühstück einen Spaziergang gemacht, mein Fräulein? Ist Herr N. nach dem Frühstück spazieren gegangen? Wo hat er nachher gearbeitet? Wann ist er in den Speisesaal hinuntergegangen, um seinen Lunch zu essen? Wo hat er seine Freunde besucht? Um wie viel Uhr ist er nach Hause gegangen um wieder zu arbeiten? Hat er lange gearbeitet? Was hat er von drei bis sieben Uhr nachmittags gethan? Ist er nach der Mahlzeit abermals ausgegangen? Hat er den Abend allein zugebracht? Auf welche Weise hat er mit seinen Freunden den Abend zugebracht? Ist er spät oder früh zu Bett gegangen? Um wie viel Uhr ist er zu Bett gegangen?

Bildet Fragen zu den folgenden Antworten.

....? — Er hat am Morgen ein Bad genommen.
....? — Er hat die Zeitung zu Hause gelesen.
....? — Die *Neueste Nachrichten* und die *Kreuzzeitung*.
....? — Nein, Herr N. hat nicht in einer Restauration gefrühstückt.
....? — Er hat zu Hause gefrühstückt.
....? — Er ist bis neun Uhr spazieren gegangen.
....? — Um neun Uhr hat er sich auf sein Zimmer begeben.
....? — Von neun bis ein Uhr hat er gearbeitet.
....? — Er hat in seinem Zimmer gearbeitet.
....? — Nach dem Spaziergang hat er seine Freunde besucht.
....? — Nach dem Lunch hat er einen Spaziergang gemacht.
....? — Sie haben Whist gespielt.

....? — Seine Freunde haben ihn um halb zwölf Uhr verlassen.

....? — Nach dem Weggang seiner Freunde ist er zu Bett gegangen.

VIER UND ZWANZIGSTE AUFGABE. — Schreibt die folgenden Sätze in der dritten Person der Einzahl des Perfectum.

Ich bin früh aufgestanden.
Ich habe nur eine Tasse Schokolade getrunken.
Ich bin spazieren gegangen.
Ich bin in den Speisesaal hinuntergegangen.
Seine Freunde sind um acht Uhr zu ihm gekommen und haben ihn um halb zwölf Uhr verlassen.
Ich spiele gern Billard.
Die Freunde haben Whist gespielt.

Schreibt mit Buchstaben die Zahlen : 1892, 2064, 2075, 2090.

SECHS UND ZWANZIGSTE LEKTION.

Von New-York nach Paris.

Das Dampfschiff, der Dampfer,	the steamer.
die Verwandten,	the relations.
die Abfahrt,	the departure.
eine Depesche,	a telegram.
die Nachricht,	the news.
eine Woge, eine Welle,	a wave.
das Verdeck,	the deck.
die Seekrankheit,	seasickness.
die Fahrt,	the voyage.
wohnen,	to reside.
unterhalten,	to entertain, (amuse).
eine Kajüte,	a cabin.
die Nahrung,	the food.
das Lachen,	the laughter.
der Zollbeamte,	the custom-house officer.
ungefähr,	about.
der Reihe nach,	in turn (one after the other).
wahr,	true.
der Zoll,	the custom, the tax, the duty.
der folgende Tag,	the following day.
übermorgen,	the day after to-morrow.
zwei Tage nachher,	two days after.
schicken,	to send.
veranstalten,	to arrange.
erregen,	to excite.

Zeitwörter.

INFINITIV.

erheben,	to arise.	vergessen,	to forget.
blasen,	to blow.	abfahren,	to depart.

PRÄSENS.	IMPERFECTUM.	PERFECTUM.
ich erhebe,	ich erhob,	ich habe erhoben.
ich blase,	ich blies,	ich habe geblasen.
(du bläsest, er bläst.)		
ich vergesse,	ich vergass,	ich habe vergessen.
(du vergissest, er vergisst.)		
ich fahre ab,	ich fuhr ab,	ich bin abgefahren.
(du fährst ab, er fährt ab.)		

Leseübung.

Am 25ten Juni, um neun Uhr morgens, sind Herr und Frau Werner samt ihren drei Kindern mit dem Dampfer *Elbe* von New-York abgefahren.

Es sind nun zehn Jahre her, seit Herr Werner und seine Frau sich in New-York ansiedelten, und dieses ist die erste Reise die sie nach Deutschland, ihrem alten Vaterlande, unternehmen. Viele Verwandte und Freunde haben sie bis aufs Schiff begleitet, um ihnen Lebewohl zu sagen.

"Wir wünschen eine glückliche Reise! Unterhalten Sie sich gut! Vergessen Sie nicht uns bei Ihrer Ankunft in Bremen eine Depesche zu schicken. Schreiben Sie oft und geben Sie uns Nachricht über die ganze Familie. Adieu! Leben Sie wohl! Auf Wiedersehen!"

Am Tage der Abreise war das Wetter prachtvoll; auch am folgenden Tage war es noch schön; allein am dritten Tage erhob sich ein heftiger Wind, der mehr als zehn Stunden wütete und ungeheure Wellen heranwälzte, welche die Reisenden verhinderten aufs Verdeck zu gehen. Fast jederman war seekrank. Diese wenigen Stunden abgerechnet, war die Fahrt eine sehr angenehme. Gute Kajüten, ausgezeichnete Nahrung, angenehme Gesellschaft, alles trug dazu bei, die Reise angenehm zu machen; auch haben sich die Reisenden sehr gut unterhalten.

Wie gewöhnlich wurde ein Konzert zu wohlthätigen Zwecken veranstaltet. Bei demselben haben mehrere Liebhaber wie echte Künstler gesungen; ihr Gesang wurde abwechselnd von den Fräulein A. und B. auf dem Klavier begleitet. Zwei Herren trugen verschiedene komische Stücke vor, und erregten damit das Lachen aller Zuhörer.

Am folgenden Sonnabend, um zehn Uhr morgens, kam der Dampfer in Bremen an, nach einer Fahrt von acht Tagen und einer Stunde.

Ungefähr zehn von den Reisenden blieben in Bremen; die Familie Werner jedoch und die andern Reisenden nahmen bald nach ihrer Ankunft die Eisenbahn nach Berlin.

Um fünf Uhr abends fuhr der Zug in den Nord-Bahnhof ein und alle Reisenden stiegen aus. Von allen Seiten hörte man diese Zurufe: Wie befinden Sie sich? Haben Sie eine gute Fahrt gehabt? Wie befindet sich Ihre Frau Gemahlin? Wie befinden sich Ihre Kinder?

Die Familie Werner musste eine halbe Stunde auf dem Bahnhofe verbleiben, um das Gepäck vom Zollbeamten untersuchen zu lassen. Auf die gewöhnliche Frage: "Haben Sie nichts zu verzollen?" antwortete Herr Werner: "Nein." Er musste jedoch seine Koffer und sein Handgepäck öffnen und untersuchen lassen; er brauchte aber keinen Zoll zu bezahlen.

Hierauf liess er seine Koffer auf einem Wagen fortschaffen, während er mit seiner Frau und seinen Kindern eine Kutsche bestieg und dem Kutscher zurief: "Zum" Kaiserhof."

Fragen und Antworten.

An welchem Tage ist die Familie Werner von New-York abgereist? Mit welchem Schiff? Wie lange haben Herr und Frau Werner schon in New-York gewohnt? Sind Sie während dieser Zeit oft nach Deutschland gereist? Wer begleitete sie bis aufs Schiff? Wie war das Wetter am Tage der Abfahrt? An welchem Tage änderte sich das Wetter? Was für Wetter haben wir heute? Weht der Wind? An welchem Tage der Fahrt erhob sich der Wind? Warum konnten die Reisenden am dritten Tage nach der Abfahrt nicht auf das Verdeck? Sind Sie schon in Deutschland gewesen, mein Herr? Waren Sie seekrank? Hat die Familie Werner eine schöne Fahrt gehabt? Was für ein Konzert wurde veranstaltet? Wer hat gesungen? Wer hat den Gesang begleitet? Enthielt das Programm noch etwas anderes? Was? Waren diese Stücke ernst oder komisch? Wann kam der Dampfer in Bremen an? Wie lange hatte die Fahrt gedauert? Wo wurde das Gepäck untersucht? Wer untersuchte es? Welche Frage wird gewöhnlich an die Reisenden gestellt? Welchen Befehl gab Herr Werner dem Kutscher?

Bildet Fragen zu den folgenden Antworten.

....? — Die Familie Werner ist um neun Uhr morgens abgereist.

....? — Um der Familie Werner Lebewohl zu sagen.

....? — Am Tage ihrer Abreise war das Wetter sehr schön.

....? — Die Wellen hinderten die Reisenden aufs Verdeck zu gehen.

....? — Fast alle (nicht alle) waren seekrank.

....? — Sie (die Nahrung) war ausgezeichnet.

....? — Ja, es ist gebräuchlich auf der Fahrt ein Konzert zu geben.

....? — Der Dampfer kam in Bremen am folgenden Sonnabend an.

....? — Die Familie musste eine halbe Stunde am Bahnhofe bleiben.

....? — Um das Gepäck untersuchen zu lassen.

....? — Nein, Herr Werner hatte nichts zu verzollen.

....? — Er nahm eine Kutsche.

....? — Er fuhr zum Kaiserhof.

....? — Nein, ich bin noch nie in diesem Gasthofe abgestiegen.

Grammatik.

Viele Präpositionen werden im Deutschen mit dem Artikel in ein Wort zusammengezogen, z. B.:

Am für **an dem**; am Fenster, *at the window.*
Aufs für **auf das**; aufs Land, *into the country.*
Im für **in dem**; im Winter, *in the winter.*
Ins für **in das**; ins Wasser; *in the water.*
Beim für **bei dem**; beim Thor, *near the gate.*
Vom für **von dem**; vom Markte, *from the market.*
Zum für **zu dem**; zum Vater, *to the father.*
Zur für **zu der**; zur Mutter, *to the mother.*

FÜNF UND ZWANZIGSTE AUFGABE. — Jeder Schüler erzählt die Reise, als ob er sie selbst gemacht hätte, und gebraucht das Perfectum; z. B.: Ich bin von New-York abgereist.

SIEBEN UND ZWANZIGSTE LEKTION.

Ein Abend in den Tuilerien (Paris).

Konsul auf Lebenszeit,	consul for life.	die Bewegung,	the motion.
		der Rückstoss,	the recoil.
lebenslänglich,	for life.	die Dumm-	the foolishness
der Hof,	the court.	heit,	(stupidity).
die Hofsitte,	the court etiquette.	die Menge,	the crowd.
		jederman,	everybody.
eine Regel,	a rule.	viele Leute,	many people.
der Fall,	the case.	so dass,	so that.
der Ball,	the ball.	die Einfüh-	the introduc-
das Abendessen,	the supper.	rung,	tion.
der Vorsitz,	the presidency.	die Bewunderung,	the admiration.

Zeitwörter.

INFINITIV.

ernennen,	to elect.	schliessen,	to shut.
werfen,	to throw.	streiten,	to quarrel.
unterwerfen,	to subject.	fangen,	to catch.
rufen,	to call.	anfangen,	to commence.
wenden,	to turn.		
schiessen,	to shoot.	biegen,	to bend.
verlieren,	to lose.	bieten,	to offer.
betrügen,	to cheat.	fliegen,	to fly.

PRÄSENS.	IMPERFECTUM.	PERFECTUM.
ich ernenne,	ich ernannte,	ich habe ernannt.
ich werfe,	ich warf,	ich habe geworfen.
(du wirfst, er wirft).		

PRÄSENS.	IMPERFECTUM.	PERFECTUM.
ich rufe,	ich rief,	ich habe gerufen.
ich wende,	ich wandte,	ich habe gewandt.
ich schliesse,	ich schloss,	ich habe geschlossen.
ich streite,	ich stritt,	ich habe gestritten.
ich fange,	ich fing,	ich habe gefangen.

(du fängst, er fängt.)

ich schiesse,	ich schoss,	ich habe geschossen.
ich verliere,	ich verlor,	ich habe verloren.
ich betrüge,	ich betrog,	ich habe betrogen.
ich biege,	ich bog,	ich habe gebogen.
ich biete,	ich bot,	ich habe geboten.
ich fliege,	ich flog,	ich bin geflogen.

Leseübung.

Als Napoléon Bonaparte zum lebenslänglichen Konsul ernannt wurde (1802), zwei Jahre vor seiner Ernennung zum Kaiser, wählte er zu seiner Wohnung in Paris die Tuilerien.

Er umgab sich mit einem glänzenden Hof und unterwarf denselben einer strengen Hofsitte (Etiquette). Aber er sah bald ein, dass es bei der Einführung der Regeln der Etiquette nicht leicht war, alle Fälle vorherzusehen und jedermau zu gefallen.

Eines Abends hielt er in seiner neuen Wohnung eine grosse Empfangsfeierlichkeit mit Ball und Abendessen. Alle Eingeladenen beeilten sich nach den Tuilerien zu gehen, um den Helden, dessen Name die Welt mit Furcht und Bewunderung erfüllte, in der Nähe zu sehen. Die Säle füllten sich bald mit einer grossen Menge Leute.

Als die Zeit des Essens herangekommen war, rief man zuerst die Damen; diese wandten sich sofort, mehr als zweitausend, nach dem grossen Speisesaale. Die Thüren waren noch geschlossen, und da sich die Damen gegen dieselben drängten, war es für die Angestellten geradezu unmöglich, dieselben zu öffnen. Die Damen stritten sehr lebhaft unter sich darüber, zu wissen, welche das Recht haben würde, zuerst einzutreten.

Einer der Angestellten ging zum Konsul, um sich Auskunft zu holen.

— Wie soll die Frage des Vortrittes gelöst werden? fragte er.

— Oh, antwortete Bonaparte, nichts ist leichter; sagen Sie diesen Damen, dass die älteste zuerst vor allen andern in den Saal treten soll.

Der Angestellte meldete den Damen den Entscheid des Konsuls; sofort drängten sich alle rückwärts.

Während dieses Rückwärts-Drängens hatte man Gelegenheit, die Thüren zu öffnen; aber nun wollte keine der Damen zuerst eintreten.

Nachdem sie einige Minuten in dieser lächerlichen Stellung verharrt hatten, fingen sie an über ihre Dummheit zu lachen und traten in den Saal, angelockt durch den Wohlgeruch eines ausgezeichneten Abendessens, welches ihrer harrte.

1792, 1802, 1804, 1814, 1815, 1821.

Fragen und Antworten.

In welchem Jahre wurde Napoléon zum Konsul auf Lebenszeit erwählt? Wo schlug er seine Wohnung auf?

Womit umgab er sich? War Bonaparte um diese Zeit schon berühmt? Nahmen viele Leute an dem Feste, welches er in den Tuilerien gab, teil? Warum beeilten sich alle Eingeladenen der Einladung des Konsuls folge zu leisten? Warum konnte man die Thür des Speisesaales nicht öffnen? Worüber stritten sich die Damen? Wussten sich die Beamten zu helfen, oder waren sie in Verlegenheit? Was that einer der Angestellten? Was fragte er Napoléon Bonaparte? War Napoléon in Verlegenheit wie die Angestellten? Wie entschied er den streitigen Punkt? Wozu benützte man den Augenblick des Zurückweichens der Damen? Blieben die Damen lange unentschlossen? Was thaten sie, nachdem sie über ihre Dummheit gelacht hatten? In welchem Jahre ist Napoléon geboren? Wo starb er? In welchem Jahre starb er?

Bildet die Fragen zu den folgenden Antworten.

....? — Bonaparte wurde im Jahre 1804 zum Kaiser erwählt.

....? — Er legte sich den Namen Napoléon I. bei.

....? — Zwei Jahre vor seiner Erwählung zum Kaiser war er zum Konsul auf Lebenszeit ernannt worden.

....? — Zu seiner Wohnung wählte er den Palast der Tuilerien.

....? — Er war schon durch die Schlachten von Lodi, von Arcole, von Rivoli, von Marengo berühmt.

....? — Man rief zuerst die Damen.

....? — Ja, die Damen waren sehr zahlreich vertreten; mehr als zweitausend waren zugegen.

....? — Nein, die Thüren des Speisesaals waren nicht offen.

....? — Nein, die Angestellten konnten die Thür nicht öffnen.

....? — Weil sich die Damen zu nahe hinzudrängten.

....? — Man fragte den Konsul um Rat.

....? — Er liess den Damen melden dass die Älteste zuerst eintreten sollte.

....? — Die Damen wichen zurück.

....? — Man benützte diesen Augenblick, um die Thüren zu öffnen.

SECHS UND ZWANZIGSTE AUFGABE. — Erzählt die obige Anekdote wieder.

ACHT UND ZWANZIGSTE LEKTION.

Eine Anekdote.

Das Vergnügen,	{ the pleasure, amusement.	die Edelmütigkeit,	} the generosity.
eine Witwe,	a widow.	sein Brot verdienen,	} to earn one's living.
das Herz,	the heart.	vermittelst,	by means of.
der Notar,	the notary.	unentgeltlich,	} gratuitously.
das Testament,	the will.	umsonst,	
der Erbe,	the heir.	mühsam,	laboriously.
die Armut,	the poverty.	halbverhungert,	} half starved.
der Handel,	the business.		
das Leben,	the life.		

Zeitwörter.

INFINITIV.

befehlen,	to command.	helfen,	to help.
empfehlen,	to recommend.	stehlen,	to steal.
bergen,	to conceal.	sterben,	to die.
brechen,	to break.	werfen,	to throw.

PRÄSENS.	IMPERFECTUM.	PERFECTUM.
ich befehle, (du befiehlst, er befiehlt.)	ich befahl,	ich habe befohlen.
ich empfehle, (du empfiehlst, er empfiehlt.)	ich empfahl,	ich habe empfohlen.
ich berge, (du birgst, er birgt.)	ich barg,	ich habe geborgen.
ich breche, (du brichst, er bricht.)	ich brach,	ich habe gebrochen.

PRÄSENS.	IMPERFECTUM.	PERFECTUM.
ich helfe,	ich half,	ich habe geholfen.
(du hilfst, er hilft.)		
ich stehle,	ich stahl,	ich habe gestohlen.
(du stiehlst, er stiehlt.)		
ich sterbe,	ich starb,	ich bin gestorben.
(du stirbst, er stirbt.)		
ich werfe,	ich warf,	ich habe geworfen.
(du wirfst, er wirft.)		

Leseübung.

Herr A. — Was für eine Zeitung lesen Sie da?

Herr B. — Ich lese die *Staatszeitung* vom 15ten Oktober.

A. — Enthält sie heute etwas Interessantes?

B. — Ja, sie enthält eine kurze aber sehr interessante Geschichte.

A. — Wollen Sie dieselbe gefälligst lesen?

B. — Mit Vergnügen. Hören Sie:

" Vor ungefähr zwölf Jahren trat ein ärmlich gekleideter Mann, jedoch von vornehmem Aussehen, eines Morgens in die bescheidene Restauration *Zur Taube*, an der Anna-Strasse in Dresden, und verlangte eine Tasse Kaffee und zwei Semmeln.

Nachdem er dieses einfache Frühstück wie ein halbverhungerter Mensch verzehrt hatte, stand er auf, nahm seinen Hut und wandte sich langsam der Thüre zu.

Der Kellner eilte erstaunt nach dem Büreau und sagte zur Eigentümerin des Geschäftes, dass der Mann nicht bezahlt hätte. Die Frau war Witwe und hatte eine zahlreiche Familie; sie verdiente kaum ihr tägliches Brot, hatte jedoch ein gutes Herz. Das unglückliche Aussehen des Fremden war ihr aufgefallen und sie antwortete dem Kellner gelassen : "Schon gut, lassen Sie diesen Herren nur gehen."

Am folgenden Tage kam der Fremde wieder, bestellte abermals eine Tasse Kaffee mit Milch und zwei Semmeln und ging wie am vorhergehenden Tage weg, ohne zu bezahlen.

Dasselbe wiederholte sich während zwei Monaten jeden Tag, dann blieb der Mann weg.

Die Witwe dachte schon lange nicht mehr an die sechszig Frühstücke, welche der Unbekannte gehabt hatte, ohne dafür zu bezahlen, als sie vorgestern von einem Notar einen Brief erhielt, in welchem sie eingeladen wurde, in seinem Geschäftsbureau vorzusprechen, um eine Summe Geldes in Empfang zu nehmen, welches ihr testamentarisch vermacht war.

Gestern ging sie zu dem Notar, und wie gross war ihr Erstaunen, als sie das Testament vernahm, welches folgende Klausel enthielt :

"Ich bestimme, dass meine Erben der Frau W., Eigentümerin der Restauration *Zur Taube*, Nummer 21 der Anna-Strasse in Dresden 60,000 Mark auszahlen zum Danke für ihre Edelmütigkeit. Diese gute und mildthätige Frau hat mir während zwei Monaten das Frühstück gegeben, ohne irgendwelche Bezahlung zu verlangen. Sie hat mir einen sehr grossen Dienst erwiesen; denn ich befand mich damals in der grössten Armut. Seit jener Zeit habe ich ein kleines Vermögen geerbt, vermittelst dessen ich einen Handel anfangen konnte. Ich hatte guten Erfolg, und freue mich im Stande zu sein, für die sechszig Frühstücke, die mir das Leben retteten, zu bezahlen."

Fragen und Antworten.

Welches Datum trägt die Zeitung, welche Herr B. liest? In was für einer Zeitung steht die Erzählung, welche Herr A. zu hören wünscht? Von wem ist in der Erzählung die Rede? Was bestellte der Mann? Bezahlte er, ehe er ging? Warum eilte der Kellner zur Eigentümerin der Restauration? In was für einer Lage befand sich diese Frau? Verdiente sie viel Geld? Was war ihr an dem Fremden aufgefallen? Befahl sie dem Kellner ihn aufzuhalten? Kam der Fremde wieder? Was bestellte er dieses Mal? Bezahlte er? Wie oft wiederholte er seinen Besuch? Erinnerte sich die Frau des Geschehenen oder hatte sie es schon vergessen? Von wem erhielt sie zwölf Jahre später einen Brief? Wovon benachrichtigte sie der Notar in seinem Briefe? Wann erhielt sie diesen Brief? An welchem Tage ging sie zum Notar? Welche Summe kam ihr zu? Wer hatte ihr diese Summe vermacht? Welches war der Anfang zum Vermögen dieses Mannes? Was hatte er mit dem ererbten Gelde gethan? Warum bezahlte er die sechszig Frühstücke so reichlich?

Bildet Fragen zu den folgenden Antworten.

....? — Er liest die *Staatszeitung*.

....? — Herr A. ersucht ihn ihm die interessante Geschichte vorzulesen.

....? — Der Mann war ärmlich gekleidet.

....? — Er hatte ein vornehmes Aussehen.

....? — Er trat in die Restauration *Zur Taube*, an der Anna-Strasse.

....? — Er verzehrte sein Frühstück wie ein halbverhungerter Mensch.

....? — Nein, diese Frau hatte ihren Gatten verloren, sie war Witwe.

....? — Nach zwei Monaten blieb er weg.

....? — Eine Summe Geldes kam der Witwe zu.

....? — Die Erben waren beauftragt ihr diese Summe auszuzahlen.

....? — Der Testator hatte ihr diese Summe vermacht zum Danke für ihre Freigebigkeit.

....? — Ja, er war in seinem Handel erfolgreich.

....? — Er hatte sechszig Frühstücke gehabt, ohne dafür zu bezahlen.

....? — Er bezahlte tausend Mark für jedes Frühstück.

Sieben und zwanzigste Aufgabe. — Erzählt die Anekdote wieder.

Bildet zehn Fragen über die Anekdote und beantwortet sie.

NEUN UND ZWANZIGSTE LEKTION.

Eine Anekdote.

die Mündung (eines Flusses),	the mouth (of a river).	die Verbindung,	the connection.
der Hafen,	the harbor.	der Rheder,	the shipowner.
die Ladung,	the cargo.	der Ratgeber,	the counsellor.
der Sack,	the bag.	der Auftrag,	the errand.
der Advokat,	the lawyer (advocate).	die Mühe,	the trouble.
		erschöpft,	exhausted.
		das Bündel,	the package.
der Handel,	the trade.	der Lohn,	the wages.

Zeitwörter.

INFINITIF.

beginnen,	to commence.	sinnen,	to reflect.
gewinnen,	to win.	spinnen,	to spin.
schwimmen,	to swim.		
fliehen,	to flee.	geniessen,	to eat, to enjoy.
fliessen,	to flow.	kriechen,	to creep.
frieren,	to be cold.	riechen,	to smell.
giessen,	to pour.	schlafen,	to sleep.

PRÄSENS.	IMPERFECTUM.	PERFECTUM.
ich beginne,	ich begann,	ich habe begonnen.
ich gewinne,	ich gewann,	ich habe gewonnen.
ich schwimme,	ich schwamm,	ich bin geschwommen.
ich sinne,	ich sann,	ich habe gesonnen.
ich spinne,	ich spann,	ich habe gesponnen.

PRÄSENS.	IMPERFECTUM.	PERFECTUM.
ich fliehe,	ich floh,	ich bin geflohen.
es fliesst,	es floss,	es ist geflossen.
ich friere,	ich fror,	ich habe gefroren.
ich geniesse,	ich genoss,	ich habe genossen.
ich giesse,	ich goss,	ich habe gegossen.
ich krieche,	ich kroch,	ich bin gekrochen.
ich rieche,	ich roch,	ich habe gerochen.
ich schlafe,	ich schlief,	ich habe geschlafen.

(du schläfst, er schläft.)

Leseübung.

Hamburg ist eine der grössten Städte Deutschlands. Sie liegt an der Elbe, nicht weit von der Küste der Nordsee. Sie hat einen vortrefflichen Hafen. Ihre Handelsverbindungen mit allen Teilen der Welt sind ausgedehnt. Sie importiert allerlei Kolonial Waren, und exportiert Produkte der Heimat.

Ein reicher Rheder dieser Stadt, Klaus mit Namen, besass mehrere grosse Handelsschiffe und importierte hauptsächlich Zigarren, Thee, Kaffee und Zucker.

Als Ratgeber stand ihm der schlaue Waldemar zur Seite, welchem er jährlich ein Gehalt von vier bis fünf tausend Mark bezahlte.

Eines Tages erhielt Herr Klaus eine beträchtliche Ladung ausgezeichneten Kaffees. Er befahl seinem Bedienten Peter, dem Advokaten einen Sack voll zu bringen.

— Mein Herr hat mich beauftragt, sagte der Bediente, als er den Sack Kaffee dem Herrn Waldemar überlieferte, Ihnen diesen Kaffee zu bringen.

— Das ist schön, Peter, antwortete der Rechtsgelehrte, überbringe deinem Herrn meinen besten Dank, aber sage ihm auch, dass ich meinen Kaffee nie ohne Zucker trinke.

— Ich werde Ihren Auftrag getreulich ausrichten, mein Herr.

Eine halbe Stunde nachher kam Peter wieder zurück, einen grossen Sack voll Zucker auf seinen Schultern tragend.

Da sagte Herr Waldemar : " Peter, melde dem Hern Klaus, dass ich die üble Gewohnheit habe eine Zigarre zu rauchen, wenn ich den Kaffee trinke, und sage ihm auch, dass der Vorrat, den er mir letzten Monat geschickt hat, zur Neige geht."

— Ich werde es nicht vergessen, mein Herr, antwortete Peter, der sich eines Lächelns nicht erwehren konnte.

Er ging weg um zum dritten Male wieder zu kommen, dieses Mal mit zwei Kisten Zigarren.

— Ich danke bestens, mein Freund, sagte jetzt Herr Waldemar, du hast meine Aufträge pünktlich ausgerichtet, und es thut mir sehr leid dir noch einen Auftrag geben zu müssen. Kaum hattest du mich vorhin verlassen, als mir einfiel, dass ich keinen Thee mehr habe, und seit mehreren Jahren trinke ich jeden Abend Thee. Willst du so gut sein dieses dem Herrn Klaus mitzutheilen.

— Gewiss, mein Herr, ich werde es sofort besorgen. Und bald darauf kam Peter wieder und brachte ein Bündel von drei oder vier Kilogramm Thee.

— Mein Herr lachte herzlich, sagte er zum Advokaten, und er rechnet auf die Ehre, dass Sie heute

Abend bei ihm speisen werden, um ihn zu versichern, dass Sie ihn um nichts mehr zu bitten haben.

— Ich werde nicht versäumen zu erscheinen, unterdessen bringe ihm noch einmal meinen besten Dank; ich glaube nichts mehr nötig zu haben. Ich danke auch dir, mein guter Peter und hier sind zwanzig Mark für deine Mühe.

Fragen und Antworten.

Was ist Hamburg? Wo liegt diese Stadt? Worin besteht namentlich ihr Handel? Was wird aus dieser Stadt exportiert? Was ist ein Rheder? Wer war Herr Klaus? Was importierte er? Wer war sein Ratgeber? War er ein guter Advokat? War der Rheder ein guter Klient? Welches Gehalt zahlte ihm Herr Klaus jährlich? Welchen Auftrag gab der Rheder eines Tages seinem Bedienten? Nahm der Advokat den Kaffee an? Welche Antwort schickte er dem Rheder zurück? Richtete Peter den Auftrag aus? Was brachte er das zweite Mal? Was für eine Gewohnheit hatte der Advokat? Von wem hatte er seinen letzten Vorrat an Zigarren erhalten? Hatte er noch welche davon? Wie viele schickte ihm der Rheder dieses Mal? Wessen erinnerte sich der Advokat sofort nach dem Weggange Peters? Was pflegte der Advokat jeden Abend zu thun? Trinken Sie Thee, Herr R.? Trinken Sie ihn gern mit viel Zucker? Wie viele Stücke Zucker nehmen Sie gewöhnlich? Was ziehen Sie vor, Thee oder Kaffee? Was hiess der Rheder den Bedienten dem Advokaten sagen, als er ihm den Thee überbrachte? Was antwortete der Rechtsgelehrte? Wie viel gab er dem Bedienten für seine Mühe? Hatte der Bediente diese zwanzig Mark auch verdient?

Bildet Fragen zu den folgenden Antworten.

....? — Die Elbe ist ein grosser Fluss in Deutschland

....? — Sie mündet in den Atlantischen Ozean.

....? — Ja, Herr Klaus war der Eigentümer mehrerer Schiffe.

....? — Er hatte einen beträchtlichen Handel in importierten und exportierten Waren.

....? — Honorar ist der (das) Gehalt für Ärzte, Advokaten, Professoren, u. s. w.

....? — Der Lohn wird einem gewöhnlichen Arbeiter bezahlt.

....? — Der Sold ist der (das) Gehalt eines Soldaten.

....? — Peter brachte den Sack mit Kaffee dem Advokaten.

....? — Der Kaffee war von einer Ladung genommen, welche der Rheder erhalten hatte.

....? — Ja, der Rheder verstand die Antwort des Advokaten genau.

....? — Er schickte ihm einen Sack Zucker.

....? — Das dritte Mal schickte er ihm zwei Kisten Zigarren.

....? — Ja, er nahm die Einladung mit dem Rheder zu speisen mit Freuden an.

ACHT UND ZWANZIGSTE AUFGABE. — Erzählt die Anekdote noch einmal.

Schreibt sie kurz nieder und ändert die Gespräche in die erzählende Form um. Die Anekdote sollte nicht mehr als fünfzehn Zeilen lang sein.

DREISSIGSTE LEKTION.

Eine Anekdote. (Erster Teil.)

Die Mitte der Fasten,	mid-lent.	die Kommode,	the chest of drawers.
die Zukunft,	the future.	das Loch,	the hole.
der Anzug,	the dress.	der Possen,	the trick.
der Gedanke, die Idee,	the idea.	der Sprung,	the jump.
der Affe,	the monkey.	das Gleichgewicht, das Equilibrium,	the balance.
die Verkleidung,	the disguise.		
die Haut,	the skin.	die Verletzung,	the bruise.
die Rolle,	the part.	der Schrei,	the cry.
die Lehne (des Stuhles),	the back of the chair.	plötzlich,	suddenly.
		die Maske,	the mask.

Zeitwörter.

INFINITIV.

fahren,	to drive.	schlagen,	to strike.
graben,	to dig.	tragen,	to carry.
laden,	to charge.	wachsen,	to grow.
schaffen,	to work.		

PRÄSENS.	IMPERFECTUM.	PERFECTUM.
ich fahre, (du fährst, er fährt.)	ich fuhr,	ich bin gefahren.
ich grabe, (du gräbst, er gräbt.)	ich grub,	ich habe gegraben.
ich lade, (du lädst, er lädt.)	ich lud,	ich habe geladen.

PRÄSENS.	IMPERFECTUM.	PERFECTUM.
ich schaffe,	ich schuf,	ich habe geschaffen.
ich schlage,	ich schlug,	ich habe geschlagen.
(du schlägst, er schlägt.)		
ich trage,	ich trug,	ich habe getragen.
(du trägst, er trägt.)		
ich wachse,	ich wuchs,	ich bin gewachsen.
(du wächst, er wächst.)		

Leseübung.

Alfred Sturm kommt auf sein Arbeitszimmer; er strahlt vor Freude.

— Meine Freunde, so fragt er seine Kollegen, haben Sie eine erhalten?

— Eine .... was?

— Eine Einladung.

— Zu welchem Feste?

— Eine Einladung zum Balle, welchen unser Divisions-Chef giebt. Hier ist die Karte, welche unser Hauswärter mir diesen Morgen übergeben hat.

Er liest mit lauter Stimme:

Herr und Frau Hagen bitten den Herrn Alfred Sturm ihnen die Ehre zu erweisen am Maskenballe, den sie am Donnerstage in der Mitte der Fasten geben werden, teil zu nehmen.

Um ein spasshaftes Kostüm wird dringend gebeten.

Keiner seiner Kollegen hatte eine Einladung erhalten; sie zeigen jedoch keine Eifersucht ihm gegenüber; im Gegenteil sie gratulieren ihm zu der Gunst, welche ihm ihr Chef bezeigt.

— Welch eine Ehre für mich! sagt Alfred zu sich selbst: meine Zukunft ist gesichert. Herr Hagen hat eine Tochter, die er verheiraten möchte (*would like to*). Da er meine Pünktlichkeit im Dienste und meinen regelmässigen Lebenswandel kennt, so hat er wohl ein Auge auf mich geworfen.

Ein Umstand hält jedoch seine Einbildung gefesselt: das Kostüm.

Es muss komisch sein um dem Divisions-Chef zu gefallen. Plötzlich fällt ihm ein Gedanke ein. Er will sich als Affe maskieren. Diese Rolle würde sehr komisch sein und geringe Auslagen erfordern.

Alfred eilt zu einem Theater-Schneider und mietet das Kostüm, mit welchem er einen so grossen Effekt hervorbringen will. Dann geht er nach Hause und schliesst sich in sein Zimmer ein, um sich an seine Verkleidung und an die Geberden des Tieres, dessen Fell er tragen will, zu gewöhnen.

Er kratzt sich wie ein Affe; steigt auf Lehnstühle, springt auf die Kommode, klettert auf den Kaminsims und versucht sich auf der Lehne eines Stuhles zu wiegen. Der letzte Versuch misslingt, er fällt und erleidet mehrere Verletzungen, allein alle andern Sprünge gelingen ihm vortrefflich.

Der verhängnissvolle Tag ist endlich da. Er zieht sein berühmtes Kostüm an. Er hält jedoch seine Gesichts-Maske in der Hand; denn die Löcher für die Augen sind so klein, dass der arme Alfred kaum hindurch sehen kann. Er befestigt sie erst auf sein Gesicht, als er die Treppe hinaufsteigt, die zur Wohnung seines Divisions-Chefs führt.

Nun ist er an Ort und Stelle. Er stürzt in die Mitte des Saales und macht alle Sprünge, die er zu Hause so sorgfältig geübt hatte.

Die anwesenden Herren werden bestürzt, die Damen schreien entsetzt auf.

Alfred ist vollständig in seiner Rolle, er wird jedoch von seiner Maske gehindert, denn er sieht fast gar nicht; er hört jedoch.

— Bravo! sagt er zu sich, ich mache Effekt; und er setzt seine Sprünge fort.

Fragen und Antworten.

Warum ist Alfred so freudestrahlend, als er in sein Arbeitszimmer kommt? Was für eine Einladung hat er erhalten? Sind seine Kollegen auch eingeladen worden? Wie nehmen Sie Alfreds Mitteilung auf? Fühlt er sich glücklich nur wegen der Ehre, die ihm zu teil geworden ist? Welche Gedanken hegt er für seine Zukunft? Denkt er nicht, Herr Hagen könnte vielleicht eine andere Idee haben? Was glaubt er? Wie will er sich maskieren? Welchen Vorteil sieht er darin, sich als Affen zu verkleiden? Wohin begiebt er sich sogleich? Was thut er, um auf dem Balle recht komisch zu sein? Zu welchem Zwecke kratzt er sich? Warum macht er Luftsprünge in seinem Zimmer? Gelingt es ihm sich auf einer Stuhllehne zu schaukeln? Wann setzt er sich die Maske auf das Gesicht? Auf welche Weise tritt er in den Saal? Wer erschrickt? Was thun die Damen beim Anblick dieses grossen Affen der auf einmal in ihre Mitte springt? Warum sieht Alfred nichts? Hört er auch nicht? Was denkt Alfred? Warum setzt er seine Luftsprünge fort?

Bildet Fragen zu den folgenden Antworten.

... ? — Er fragt sie, ob sie Einladungen erhalten hätten.

....? — Der Hauswärter hatte ihm die Karte übergeben.

....? — Der Ball war auf Donnerstag in der Mitte der Fasten fest gesetzt.

....? — Er musste ein komisches Kostüm haben.

....? — Nein, seine Kollegen waren nicht neidisch.

....? — Alfred betrachtete diese Einladung als eine Ehre.

....? — Weil sein Chef seine Pünktlichkeit und seinen regelmässigen Lebenswandel kannte.

....? — Nein, er kaufte sein Kostüm nicht, er mietete es.

....? — Er mietete es von dem Theater-Schneider.

....? — Er schloss sich in sein Zimmer ein, um sich an die Verkleidung zu gewöhnen.

....? — Er springt auf Lehnsessel.

....? — Er steigt auf die Kommode.

....? — Er klettert auf den Kaminsims.

....? — Er trägt die Maske in der Hand.

....? — Er kann kaum sehen, denn die Löcher für die Augen sind sehr klein.

....? — Die Herren verwundern sich.

....? — Die Damen schreien laut auf.

Grammatik.

Präpositionen welche den Dativ regieren :
Mit, nach, nächst, nebst, samt, bei, seit, von, zu, zuwider, entgegen, aus, binnen, gegenüber.

Präpositionen welche den Accusativ regieren :
Durch, für, ohne, sonder, gegen, um, wider.

Präpositionen welche bald den Dativ und bald den Accusativ regieren :
An, auf, hinter, neben, in, über, unter, vor, zwischen.

Sie stehen mit dem Accusativ, wenn man fragen kann : **wohin** ?; mit dem Dativ stehen sie, wenn man fragen kann : **wo** ?

Den Genitiv regieren :

Unweit, mittels, kraft, während, laut, vermöge, ungeachtet, oberhalb, unterhalb, innerhalb, ausserhalb, diesseit, jenseit, halben, wegen, statt, längs, zufolge, trotz.

NEUN UND ZWANZIGSTE AUFGABE. — Erzählt die oige Anekdote.

EIN UND DREISSIGSTE LEKTION.

Eine Anekdote. (Fortsetzung.)

Das Gestell, das Regal,	the shelf.	die Lohnerhöhung,	the increase in wages.
die Nippsachen,	the trinkets.	gegenüber,	opposite.
zornig,	angrily.	das Erstaunen,	the astonishment.
die Thräne,	the tear.	das Geheimnis,	the secret.
das Handwerk, das Gewerbe,	the trade.	das Glied,	the limb (member).
die Nachforschung,	the inquiry.	berauben,	to deprive.
erklären,	to explain.	die Erklärung,	the explanation.
		die Staffelei,	the easel.

Zeitwörter.

INFINITIV.

senden,	to send.	bringen,	to bring.
wenden,	to turn.	denken,	to think.
brennen,	to burn.	dürfen,	to be allowed.
kennen,	to know.	mögen,	(may)
nennen,	to name.	fangen,	to catch.
rennen,	to run.	fallen,	to fall.

PRÄSENS.	IMPERFECTUM.	PERFECTUM.
ich sende,	ich sandte,	ich habe gesandt.
ich wende,	ich wandte,	ich habe gewandt.
ich brenne,	ich brannte,	ich habe gebrannt.
ich kenne,	ich kannte,	ich habe gekannt.
ich nenne,	ich nannte,	ich habe genannt.

PRÄSENS.	IMPERFECTUM.	PERFECTUM.
ich renne,	ich rannte,	ich bin gerannt.
ich bringe,	ich brachte,	ich habe gebracht.
ich denke,	ich dachte,	ich habe gedacht.
ich darf,	ich durfte,	ich habe { gedurft. / dürfen.
ich mag,	ich mochte,	ich habe { gemocht. / mögen.
ich fange, (du fängst, er fängt.)	ich fing,	ich habe gefangen.
ich falle, (du fällst, er fällt.)	ich fiel,	ich bin gefallen.

Leseübung.

Alfred springt mit beiden Füssen über einen Lehnstuhl und wirft ein Gestell mit Nippsachen um.

Sofort fühlt er sich von einer kräftigen Hand am Halse erfasst.

Man reisst ihm die Maske herunter.

Er befindet sich seinem Divisions-Chef gegenüber :

— Sie, Herr Alfred Sturm! schreit dieser voll Zorn, was soll dieser schlechte Spass bedeuten?

— Aber ich....

— Verlassen Sie den Saal sofort; morgen werden wir uns die Sache erklären.

Wie er den Saal verlässt, sieht Alfred mit Erstaunen um sich. "O Himmel!" ruft er mit Thränen erstickter Stimme, "ich bin der einzige in Verkleidung! Welches Geheimniss liegt hier zu Grunde?"

Am folgenden Tage eröffnet der Chef eine Untersuchung. Er findet aus, dass Alfreds Kameraden ihm diesen schlechten Streich gespielt haben. Die Einladung war zu diesem Zwecke vorbereitet worden.

Herr Hagen lässt das unglückliche Opfer rufen. Alfred kommt zitternd an allen Gliedern. "Wenn ich nicht entlassen werde, werde ich sicherlich auf sechs Jahre aller Lohnerhöhung beraubt werden," denkt er bei sich.

— Kommen Sie näher, Herr Sturm, sagte der Divisions-Chef.

— O, mein Herr, ich bitte Sie, ich glaubte, dass... denn, wirklich, wenn ...

— Ich bedarf keiner Erklärungen mehr.

— Dann ist meine Lage klar, dachte Alfred und machte sich daran wegzugehen.

— Ich erhöhe ihr Gehalt um dreihundert Mark, sagte Herr Hagen.

— Wie, Sie wollten....?

— Ja, als ich bei Gelegenheit dieses Abenteuers Ihren Vertrag nachgesehen habe, hat es sich herausgestellt, dass Sie seit vier Jahren keine Lohnerhöhung erhalten haben.

— Wie, ist es möglich, dass....!

— Schon gut, mein Freund, Sie können sich zurückziehen. Und der Chef schüttelt Herrn Sturm die Hand.

Alfred kehrt nach seinem Bureau zurück. Als er die Stiege hinaufgeht, zwickt er sich, um sich zu versichern, dass er nicht träumt. Er stösst einen Schrei aus. "Nein," sagt er, " ich bin wirklich wach. Wenn die Beförderung auf sich warten lässt, so brauche ich nur Herrn Hagens Bälle zu besuchen, und mich als Orang-Utang zu verkleiden. Aber, welch ein sonderbarer Divisions-Chef!"

Fragen und Antworten.

Wie wirft Alfred das Gestell um? Was befand sich darauf? Wem befand er sich gegenüber, als ihm die Maske heruntergerissen wurde? Fragte ihn der Chef sofort um Erklärungen? Was bemerkte Alfred im Augenblicke, als er den Saal verliess? Begriff er das? Warum war er überrascht, als er im Saale keine einzige verkleidete Person sah? Zu welchem Zwecke veranstaltete der Divisions-Chef am folgenden Tage eine Untersuchung? In welcher Haltung erschien Alfred vor ihm? Was erwartete er? Fragte ihn sein Chef um Aufklärungen? Wurde Alfred entlassen? Was dachte Alfred, als sein Chef sich weigerte, ihn zu hören? Wurde sein Sold verringert oder erhöht? Begriff Alfred, warum der Chef ihm diese Erhöhung gewährte? War er sicher etwas davon zu verstehen? Was dachte er? Was wollte er thun, wenn er in Zukunft wieder eine Gehalts-Erhöhung wünschen sollte?

Bildet die Fragen zu den folgenden Antworten.

....? — Er hüpfte mit beiden Füssen zugleich.

....? — Er warf ein Gestell mit Nippsachen um.

....? — Er wurde beim Kragen ergriffen.

....? — Von seinem Divisions-Chef.

....? — Ich weiss nicht, welcher von beiden am meisten erstaunt war.

....? — Nein, sein Chef wollte keine Erklärungen hören.

....? — Nein, niemand im Saale war verkleidet.

....? — Er hob eine Untersuchung an.

....? — Herrn Sturms Kameraden.

....? — Er sagte zu ihm: "Treten Sie näher, Herr Sturm."

....? — Nein, Alfred glaubte nicht recht verstanden zu haben.

....? — Seit vier Jahren hatte er keine Lohnerhöhung erhalten.

....? — Alfred zwickte sich, um sich zu versichern, dass er nicht träumte.

....? — Alfred machte die Entdeckung, dass er einen sehr sonderbaren Divisions-Chef habe.

DREISSIGSTE AUFGABE. — Erzählt die ganze Anekdote wieder.

Ändert im zweiten Teil der Anekdote das Gespräch in die erzählende Form um.

ZWEI UND DREISSIGSTE LEKTION.

UNTER FREUNDINNEN. (*Among lady friends.*)

Spazieren fahren,	*to take a ride.*	zwei Wochen, vierzehn Tage,	*a fortnight.*
eine Näherin, Schneiderin,	*a dress-maker.*	heute über eine Woche,	*a week from to-day.*
die Meeresküste,	*the sea-shore.*	heute in vierzehn Tagen,	*a fortnight from to-day.*
der Sand,	*the sand.*	der Abschied,	*the departure.*
eine Fahrt,	*a journey.*	Abschied nehmen,	*to take leave.*
der Besucher,	*the visitor.*		
empfangen,	*to receive.*		

Leseübung.

Frau A. — Wollen Sie mit mir eine Spazierfahrt in den Park machen, werte Frau B.?

Frau B. — Mit grossem Vergnügen, jedoch unter der Bedingung, dass Sie mir erlauben, um halb fünf Uhr von Ihnen Abschied zu nehmen.

Frau A. — Können Sie nicht länger bleiben?

Frau B. — Nein, ich kann nicht; ich habe der Frau N. versprochen, sie heute zu besuchen; sie erwartet mich zwischen vier und fünf Uhr.

Frau A. — Ich habe dem Kutscher befohlen, mich um drei Uhr abzuholen; wir haben Zeit genug zwei oder drei mal um den Park herumzufahren. Auf dem Rückwege bringe ich Sie zum Hause der Frau N.; ich dachte, sie hätte die Stadt schon verlassen.

Frau B. — Sie wollte letzte Woche nach Europa abreisen, ist jedoch gezwungen worden, diese Reise aufzugeben.

Frau A. — Wissen Sie, ob sie noch Besuch annimmt?

Frau B. — Ja, werte Frau, sie empfängt Besucher jeden Dienstag zwischen drei und sechs Uhr.

Frau A. — Wann gedenken Sie aufs Land zu gehen?

Frau B. — Heute über acht, oder vielleicht heute über vierzehn Tage. Und Sie, werte Frau?

Frau A. — Wir können nicht vor dem 15ten oder 20sten Juni verreisen; mein Gemahl ist zu beschäftigt; auch werden meine Kleider vor dieser Zeit nicht vollendet sein.

Frau B. — Lassen Sie sich viele Kleider machen?

Frau A. — Nur drei; allein meine Schneiderin ist so beschäftigt, dass sie dieselben noch nicht hat machen können.

Frau B. — Wer ist Ihre Schneiderin, wenn ich fragen darf?

Frau A. — Frau W., an der 6^{ren} Strasse; sie arbeitet sehr gut, man muss jedoch zwanzig mal nachfragen, ehe man etwas erhalten kann.

Frau B. — Mit der meinigen ist es ganz dasselbe; ich glaube, es ist bei allen Schneiderinnen so. Wo gedenken Sie diesen Sommer hinzugehen?

Frau A. — Wir haben ein Sommerhaus an der Meeresküste in L. B. gemietet. Dort werden wir bis Mitte August bleiben, um Seebäder zu nehmen; nachher wollen wir einige Wochen auf den Bergen zubringen.

Frau B. — Ist die Meeresküste bei L. B. schön?

Frau A. — Sie ist reizend und die Kinder können da ohne Gefahr im Sande spielen. Mein Gatte liebt diesen Platz sehr, weil er mit dem Boote hinfahren kann.

Frau B. — Wann wollen Sie in die Stadt zurückkehren?

Frau A. — In den ersten vierzehn Tagen im Oktober, weil dann die Kinder zur Schule müssen. Und Sie, werden Sie diesen Sommer wieder nach Saratoga gehen?

Frau B. — Ja, wir wollen da vier oder fünf Wochen zubringen, wie wir jedes Jahr zu thun pflegen, um das Wasser der Quellen zu trinken; aber wir wissen noch nicht was wir nachher thun wollen.

Fragen und Antworten.

Wozu ladet die Frau A. die Frau B. ein? Unter welchen Bedingungen nimmt Frau B. diese Einladung an? Warum kann Sie nicht länger als bis halb fünf Uhr bei ihr bleiben? Um wie viel Uhr wird sie von Frau N. erwartet? Um wie viel Uhr soll der Kutscher die Frau A. abholen? Glaubte Frau A., dass Frau N. noch in der Stadt wäre? Wohin wollte Frau N. gehen? An welchem Tage empfängt sie Besuch? Um wie viel Uhr? Wann gedenkt Frau A. aufs Land zu gehen? Warum kann sie nicht vor dem 15ten oder 20sten Juni abreisen? Wie viele Kleider lässt sie sich für den Sommer machen? Sind ihre Kleider fertig? Bei wem lässt sie dieselben machen? Ist dieses eine gute Schneiderin? Ist sie pünktlich? Ist die Schneiderin der Frau B pünktlicher? Wo hat Frau A. ein Sommerhaus gemietet? Wird sie den ganzen Sommer dort zubringen? Bis wann will sie dort bleiben?

Wo will sie nachher hingehen? Warum gefällt es Herrn A. in L. B. so gut? Wohin geht Frau B. jeden Sommer? Wie lange bleibt sie in Saratoga? Zu welchem Zwecke geht sie dahin? Weiss sie schon wo sie nachher hingehen will?

Bildet Fragen zu den folgenden Antworten.

....? — Ja, die Frau B. nimmt die Einladung der Frau A. an.

....? — Sie kann nur bis halb fünf bei ihr bleiben.

....? — Sie hat Auftrag gegeben, dass man sie um drei Uhr abholt.

....? — Sie wollen drei oder vier mal die Runde um den Park machen.

....? — Frau N. wollte die vorige Woche verreisen.

....? — Ich weiss nicht, warum sie diese Reise aufgegeben hat.

....? — Frau B. gedenkt in acht oder vierzehn Tagen abzureisen.

....? — Die Kleider der Frau A. werden vor dem 15ten oder 20sten Juni nicht fertig werden.

....? — Diese Schneiderin wohnt in der 6ten Strasse.

....? — Ja, sie macht sehr gute Arbeit.

....? — Sie beabsichtigt den Sommer in L. B. zuzubringen.

....? — Dieser Ort liegt an der Küste des Meeres.

....? — Ihre Kinder spielen im Sande.

....? — Nein, es ist keine Gefahr vorhanden.

....? — Um Seebäder zu nehmen.

....? — Frau B. benützt jedes Jahr das Wasser der Quellen in Saratoga.

Grammatik.

Viele deutsche Zeitwörter verlangen ein Objekt im Genitiv, z. B.: gedenken, *to remember;* sich erbarmen, *to have pity;* bedürfen, *to be in need of;* spotten, *to laugh at;* sich schämen, *to be ashamed of;* erwähnen, *to mention;* eingedenk sein, *to remember*, z. B.: Der Dankbare gedenkt der empfangenen Wohlthaten. Der Reiche erbarmt sich des Armen. Der Kranke bedarf der Pflege. Der mutwillige Knabe spottet des lahmen Mannes. Die unartige Tochter schämt sich ihrer alten Mutter. Der Prediger erwähnte der edelmütigen Handlung. Ein Emporkömmling ist selten seiner früheren Armut eingedenk.

EIN UND DREISSIGSTE AUFGABE. — Wiederholt das Gespräch zwischen den Frauen A. und B.

DREI UND DREISSIGSTE LEKTION.

DER REGEN UND DAS SCHÖNE WETTER. (Erster Teil.)

Eine Baronin,	a baroness.	der Landsitz,	the country-seat.
der Nerv,	the nerve.	der Mitschuldige,	the accomplice.
das Stück,	the piece.		
die Polizei,	the police.	der Zug,	the train.
der Dieb,	the thief.	der Unbekannte,	the unknown.
die Nachbarschaft,	the neighborhood.		
		der Briefträger,	the postman, (letter-carrier.)
die Landschaft,	the landscape.		
		das Versprechen,	the promise.
das Obdach,	the shelter.		
die Ankunft,	the arrival.	die Feuchtigkeit,	the dampness.
der Reisende,	the traveller.		
die Unvorsichtigkeit,	the imprudence.	die Strasse,	the road (street).
		gefährlich,	dangerous.
das Lustspiel,	the comedy.	die Verzweiflung,	the dispair.
die Gegend,	the region.		

Leseübung.

Fräulein Ch. — Haben Sie das reizende Lustspiel: *Der Regen und das schöne Wetter* schon gelesen, meine Werte?

Frau D. — Nein, mein Fräulein, wollen Sie so gefällig sein und mir dasselbe erzählen?

Fräulein Ch. — Mit dem grössten Vergnügen. Eine junge Witwe, die Baronin von Gontran, befindet sich seit dem Monate April auf dem Lande. Es ist nun September und während diesen sechs Monaten war das Wetter furchtbar schlecht; es regnete fast immer, und es regnet auch jetzt noch fast alle Tage. Voll Verzweiflung und um ihre Nerven zu beruhigen, zerbricht die Baronin einen hübschen Barometer, den sie als den Mitschuldigen an der Ursache des anhaltenden Regens betrachtet, in tausend Stücke.

Ihr Diener Anselm und ihre Zofe Victorine lachen, als sie die Stücke des Instrumentes im Empfangszimmer sehen, aber, statt sie aufzuheben, lesen sie eine Zeitung, welche sie sehr zu interessieren scheint.

In Wirklichkeit lesen sie, dass die Polizei einen gefährlichen Räuber, Mirandon, festgenommen hat, welcher die ganze Umgegend in Schrecken gesetzt und dessen Gegenwart in der Nachbarschaft der Sommer-Villa der Baronin dieser letztern viele schlaflose Nächte bereitet hatte.

Frau Gontran erwartet an demselben Tage mit dem Mittagszuge eine befreundete Familie, die Robervals, welche ihr versprochen haben, zwei Monate bei ihr zuzubringen. Frau Roberval ist eine liebenswürdige Dame, welche in den Augen der Baronin vollkommen wäre, wenn sie sich nicht in den Kopf gesetzt hätte, die letztere zu verheiraten. Als Frau Roberval ihren Besuch anzeigte, teilte sie ihr zugleich auch mit, dass sie mehrere Freunde mitbringen werde. Überdies bat sie noch um die Erlaubniss einen "Unbekannten" mitbringen zu dürfen, welchen sie der Baronin vorzustellen gedachte. Dieser Unbekannte, denkt die Baronin, ist der Mann, welchen ihr ihre Freundin als Gatten geben will.

Es ist zehn Uhr vormittags. Frau Gontran sucht nach einer Arbeit um sich bis zur Ankunft des Zuges zu beschäftigen, als der Briefbote ihr einen Brief überbringt. Die Robervals teilen ihr mit, dass sie trotz ihres Versprechens zaudern, bei so furchtbarem Wetter die Reise anzutreten. Wenn das Wetter sich ein wenig aufklären wird, fügen sie bei, so werden sie alle einen Wagen nehmen und sie überraschen.

Gerade als Frau Gontran den Brief liest, fällt der Regen in Strömen. Sie ist in Verzweiflung. Was thun? Klavier spielen? Das ist ganz unmöglich: infolge der grossen Feuchtigkeit ist das Instrument ganz verstimmt. Essen? Sie verspürt nicht die geringste Lust dazu. Tanzen? Aber zum Tanzen muss man wenigstens zu zweien sein. Zeichnen? Die alte Kirche des Dorfes skizzieren? Aber man kann ja nichts sehen, die Landschaft, der Horizont, alles wird von dem Regen dem Blicke entzogen.

Plötzlich bemerkt sie auf der Strasse einen Reisenden, welcher unter einem Baume Obdach sucht. Sie klingelt sofort und wie Anselm erscheint, sagt sie zu ihm: " Sehen Sie einen Reisenden dort unter jenem grossen Baume? Eilen Sie und bringen Sie ihn hieher."

Kaum ist der Bediente fort, um diesen Befehl auszuführen, als die Baronin ihre Unvorsichtigkeit bereut. Sie will ihre Kammerzofe dem Bedienten nachschicken, um ihn zurückzurufen. Aber es ist zu spät. Anselm hat ein Pferd genommen, um eher zurück zu sein, und schon kommt er zurück, den Reisenden hinter sich auf dem Pferde.

Fragen und Antworten.

Wie lange ist die Baronin von Gontran schon auf dem Lande? Wie ist das Wetter, seit sie sich dort befindet? Womit will sie ihre Nerven beruhigen? Sind ihr Bedienter und ihre Zofe betrübt, wenn sie die Stücke des Barometers sehen? Was thun sie statt die Stücke aufzuheben? Welche interessante Neuigkeit haben sie in der Zeitung gefunden? Warum ist dieses eine gute Neuigkeit für die Baronin? Wen erwartet die Baronin an jenem Tage? Wie lange soll die Familie Roberval bei ihr bleiben? Welchen Fehler hat die Frau Roberval in den Augen der Baronin? Wen wollen die Roberval mit sich bringen? Was denkt die Baronin von dem Fremden, welchen die Frau Roberval bei ihr einzuführen beabsichtigt? Was schreibt die Frau Roberval in ihrem Briefe? Wie ist das Wetter zur Zeit, als sie den Brief erhält? Warum kann sie nicht Klavier spielen? Warum kann sie nicht tanzen? Warum zeichnet sie nicht die alte Kirche des Dorfes? Wen bemerkt sie auf der Strasse? Wo hat der Reisende Obdach gesucht? Warum klingelt die Baronin? Welchen Befehl giebt sie dem Anselm? Kann die Zofe den Diener zurückrufen? Warum ist sie zu spät?

Bildet Fragen zu den folgenden Antworten.

....? — Sie bittet das Fräulein ihr das Lustspiel zu erzählen.

....? — Dieses Lustspiel trägt sich im September zu.

....? — Ja, es regnet fast alle Tage.

....? — Nein die Baronin ist mit diesem Wetter nicht zufrieden, sie ist in Verzweiflung.

....? — Anselm ist der Bediente der Baronin.

....? — Victorine ist ihre Kammerzofe.

....? — Sie lachen darüber, dass die Baronin ihren Barometer zerbrochen hat.

....? — Mirandon war ein gefürchteter Räuber.

....? — Er ist von der Polizei festgenommen worden.

....? — Die Robervals sind sehr gute Freunde der Baronin.

....? — Sie haben versprochen zwei Monate bei ihr zuzubringen.

....? — Des schlechten Wetters wegen zaudern sie zu kommen.

....? — Bei diesem fürchterlichen Wetter verspürt sie keinen Hunger.

....? — Der Regen hindert sie daran die Kirche des Dorfes zu sehen.

....? — Nein, sie kennt diesen Reisenden nicht.

....? — Anselm bringt ihn hinter sich auf dem Pferde.

ZWEI UND DREISSIGSTE AUFGABE. — Schreibt den Anfang des Lustspieles in Gesprächsform, bis zu den Worten: Frau Roberval ist eine liebenswürdige Dame.

Schreibt hierüber zwölf Fragen und die entsprechenden Antworten.

VIER UND DREISSIGSTE LEKTION.

Der Regen und das schöne Wetter. (Schluss.)

Der Sturm,	the storm.	die Anspielung,	the allusion. the hint.
die (Fenster) Scheibe,	the (window) pane.	die Rache,	the revenge.
der Glaser,	the glazier.	die Gesichtsfarbe,	the complexion.
der Soldat,	the soldier.		
das Heer,	the army.	die Gestalt,	the size, height.
eine Schlacht,	a battle.	die Vorfahren, die Ahnen,	the ancestors.
eine Belagerung,	a siege.		
der Zustand,	the condition.	der Kerker,	the dungeon.
der Himmel,	the sky.	Abschied nehmen,	to take leave.
das Gespräch,	the talk.		
die Hoffnung,	the hope.	die Erlaubnis,	the permission.
sich entledigen,	to get rid of.	von Furcht überwältigt,	overwhelmed with fear.

Leseübung.

Die Baronin befindet sich in der Gegenwart dieses Mannes, welchen sie jetzt zum ersten Mal sieht, in grosser Verlegenheit.

— Mein Herr, sagt sie zögernd zu ihm, ich habe Sie kommen lassen, weil ... weil wir letzte Nacht einen fürchterlichen Sturm hatten; der Wind wütete, er zerbrach viele unserer Fensterscheiben und ich sehe mich unbedingt gezwungen, sie wieder einsetzen zu lassen.

Der Unbekannte, ein Soldat, ist sehr erstaunt, für einen Glaser gehalten zu werden. Er bittet um die Entschuldigung sich zurückziehen zu dürfen.

Damit ist aber der Baronin nicht gedient; sie ist zu glücklich jemanden zu haben mit dem sie sprechen kann, um ihn so schnell wieder fortgehen zu lassen. Sie lenkt daher das Gespräch auf das Heer, auf Schlachten, auf die Belagerung der Städte. Der Reisende, entzückt, sich in Gegenwart einer so originellen und reizenden Dame zu befinden, geht auf lange Einzelheiten ein, um die Unterhaltung in die Länge zu ziehen.

Frau Gontran hat Anselm beauftragt, sich auf die Terrasse zu begeben und ihr alle fünf Minuten über den Zustand des Himmels Nachricht zu bringen. Wie das Wetter sich ein wenig aufklärt und die Sonne erscheint, sucht sie sich des Fremden zu entledigen; allein, sobald es wieder zu regnen anfängt, wird sie wieder liebenswürdig und scheint ein neues Interesse am Gespräche zu nehmen.

Der Fremde ist in grosser Verlegenheit; zuletzt jedoch vermutet er die Ursache der Laune der Baronin. "Sie hat mich festgehalten, als es regnete; sie schickt mich fort, wenn das Wetter schön ist: sie langweilte sich, das ist die ganze Erklärung. Sie bedurfte eines Zeitvertreibes, einer Aufregung, und ich bin es!... Ich habe eine reizende Rolle gespielt!

Er wollte ihr eine gute Lehre geben, aber wie? Eine Anspielung, die sie auf den Räuber, welcher kürzlich festgenommen worden war, gemacht hatte, gab dem Fremden die Gelegenheit sich zu rächen.

— Mirandon, so fängt er an, ist ebenso frei wie Sie

und ich; er ist nicht so grausam, als Sie sich ihn vorstellen. Denken Sie sich einmal, er hätte meine Haare!

— Ah!

— Meine Stirne.

— Ah!

— Meine Nase, meinen Mund, meine Gesichtsfarbe.

— Somit sehen Sie ihm sehr ähnlich?

— Ich wage nicht, mich dessen zu schmeicheln.

— Und seine Gestalt?

— Ist die meinige.

— Sein Alter?

— Das meinige. .... Madame, der berüchtigte Mirandon .... bin ich selbst.

Die erschrokene Baronin bietet diesem Manne ihr Gold und ihre Diamanten an, wenn er nur einwilligt ihr das Leben zu schenken. Das hat keinen Wert für ihn.

— Ich bedarf der Unterhaltung, sagt er zu ihr, so gut wie Sie, wenn es regnet, und um mich zu unterhalten, müssen Sie mich lieben.

Dann erzählt er der vor Furcht zitternden Dame eine grauenerregende Geschichte, um ihr zu erklären, wie er ein Verbrecher geworden ist.

Als er endlich denkt, die Strafe sei hinlänglich, will er von der Baronin Abschied nehmen. Er teilt ihr alsdann mit, dass er nicht Mirandon der Räuber ist, sondern einer achtbaren Familie angehört.

— Ich bin mit der Familie Roberval verwandt, welche heute hierher kommen sollte, in der Hoffnung mich mit einer gewissen Dame von Gontran zu verheiraten.

— Sie sind ja bei ihr.

— Sie wären die Baronin von....?

— Und Sie somit der "Unbekannte," welchen die Frau Roberval bei mir einführen wollte?

— Theodor von Vernier, Marquis von Unbekannt, eigentümlicher Weise so genannt nach einem meiner Vorfahren, welchem Ludwig XI. diesen Titel verlieh.

— Aber Mirandon?

— Er befindet sich gegenwärtig in Paris in einem Kerker der Conciergerie.

Fragen und Antworten.

Hat die Baronin diesen Mann schon früher gesehen? Welchen Grund giebt sie an, weshalb sie ihn hat kommen lassen? Ist dieser Mann ein Glaser? Warum will die Baronin ihn nicht fortgehen lassen? Was thut sie, um ihn zurückzuhalten? Ist der Reisende betrübt, sich in der Gesellschaft der Baronin zu befinden? Welchen Befehl hat die Baronin ihrem Diener Anselm gegeben? Nach was richtet die Baronin ihr Betragen dem Fremden gegenüber? Wann will sie sich seiner entledigen? Wann scheint sie ein neues Interesse am Gespräche zu nehmen? Was vermutet endlich der Fremde? Warum will er der Baronin eine Lehre geben? Welche Rolle hat sie ihn spielen lassen? Welche Gelegeneit ergreift er, um sich ein wenig an der Baronin zu rächen? Was lässt er sie glauben? Glaubt die Baronin, was er ihr sagt? Wünscht er das Gold und die Diamanten der Baronin? Wessen bedarf er? Nach welcher Zerstreuung allein verlangt er? In welchem Zustande befindet sich die arme Baronin? Wann teilt ihr der Fremde mit, dass er nicht der gefürchtete Räuber Mirandon ist? Wie erklärt er der Baronin seine Gegenwart in dieser Gegend? War Mirandon den Händen der Polizei entwischt? Wo befindet er sich? Was ist die Conciergerie?

Bildet Fragen zu den folgenden Antworten.

....? — Die Baronin ist in Verlegenheit, weil sie diesen Mann nicht kennt.

....? — Nein, sie weiss nicht, wie sie das, was sie gethan hat, erklären will.

....? — Er ist Soldat.

....? — Er findet die Dame zwar originell, jedoch reizend.

....? — Wenn das schöne Wetter wiederkehrt, will sie sich seiner entledigen.

....? — Wenn es wieder zu regnen anfängt, will sie ihn zurückhalten.

....? — Nein, die Rolle, welche er gespielt hat, gefällt ihm nicht.

....? — Er benützt die Anspielung, welche die Baronin auf Mirandon gemacht hat, um sich zu rächen.

....? — Er sagt, dass Mirandon seine Stirne, seine Nase, seinen Mund habe.

....? — Er sagt ferner, dass der Räuber seine Gestalt habe, und mit ihm von gleichen Alter sei.

....? — Zuletzt erklärt er offen, er sei Mirandon.

....? — Er erzählt ihr, wie er zum Verbrecher geworden sei.

....? — Einer seiner Vorfahren hatte diesen Titel, Marquis der Unbekannte, von Ludwig XI., König von Frankreich, erhalten.

Grammatik.

Wie im Englischen, so verlangen auch im Deutschen die transitiven Zeitwörter das Objekt im Accusativ; z. B.: Der Lehrer lobt den fleissigen Schüler und tadelt den nachlässigen. Der Schüler lernt seine Aufgabe. Der Mann liest die Zeitung.

Es giebt jedoch auch viele Zeitwörter, welche das Objekt im Dativ verlangen; z. B.: Das Werk gelingt dem Meister. Der Diener gehorcht seinem Herrn. Die Raupen schaden den Pflanzen. Der Sohn gleicht seiner Mutter. Die Jäger setzen dem Bären nach. Diese Blumen werden meiner Mutter gefallen.

Wieder andere Zeitwörter haben zwei Objekte, das Sach-Objekt im Accusativ und die Person im Dativ. Der Dativ geht gewöhnlich dem Accusativ voran, z. B.: Die Mutter giebt dem Kinde Brot. Die Wolke bringt der Erde Regen. Das Kind wünscht den Eltern ein fröhliches Weihnachtsfest. Der Bruder schreibt seiner Schwester einen Brief. Der Landmann verkauft dem Müller das Korn.

DREI UND DREISSIGSTE AUFGABE. — Schreibt den zweiten Teil des Lustspieles und verwandelt das Gespräch in die erzählende Form.

FÜNF UND DREISSIGSTE LEKTION.

Eine Anekdote.

Der Zauberstab,	the fairy's wand.	das Abenteuer,	the adventure.
das Haar,	the hair.	die Wache,	the watch.
der Ball,	the ball.	das Fläschchen,	the little bottle.
die Kugel,		die Pommade,	pomatum.
der Schädel,	the skull.	die Überwachung,	the watching.
der Gefangenwärter,	the jailer.	kahl,	bald.
der Kerkermeister,		höflich,	polite.
		glänzend,	shining.
		gleich,	alike.
der Blitz,	the lightning.	überflüssig,	superfluous (useless).
der Donner,	the thunder.		
das Geräusch,	the noise.	stolz auf etwas sein,	to be proud of something.
die Verteidigung,	the defense.		

Leseübung.

Zwei Franzosen, Heinrich und Jacob, machten eine Reise nach den Vereinigten Staaten. Nachdem sie die grösseren Städte des Ostens, den berühmten Niagara-Fall, die grossen Seen und die schönen Städte, die wie mit Zaubermacht an deren Ufer emporgeblüht sind, gesehen hatten, kamen sie auf die Idee noch weiter nach dem Westen zu reisen.

Eines Abends wurde der Zug, mit dem sie reisten, angehalten. Die beiden Franzosen wurden zu Gefangenen gemacht; sie waren den Indianern in die Hände gefallen.

Sie wurden in eine Hütte, Wigwam genannt, eingeschlossen, vor welcher zwei bis zu den Zähnen bewaffnete Indianer Wache hielten.

Jakob war kahlköpfig; Heinrich dagegen hatte prächtige Haare, auf welche er nicht wenig stolz war. Der unglückliche Heinrich wurde trotz seines Widerstandes und seines Schreiens vor den Augen seines Kameraden, der nichts zu seiner Verteidigung thun konnte, skalpiert und starb am folgenden Tage.

Zum ersten Male in seinem Leben schätzte sich Jakob glücklich einen so polierten Kopf zu haben, der so glänzend war wie eine Billardkugel. Aber sein Glück schien von kurzer Dauer zu sein. Er wurde schärfer bewacht als zuvor, und konnte nicht begreifen, was man mit ihm vorhatte. Ein Umstand setzte ihn namentlich in Erstaunen. Jeden Morgen und jeden Abend trat ein Indianer in die Hütte und rieb ihm den Kopf fünf oder sechs Minuten lang. Warum? Er konnte weder seine Wächter noch denjenigen fragen, der die Operation vornahm, da Jakob weder deren Sprache sprach, noch sie verstand.

Seit ungefähr drei Wochen hatte er sich schon diesen Reibungen unterziehen müssen, als er eines Tages zufällig mit seiner Hand über den Kopf fuhr. Da fühlte er Haare über dem sonst so kahlen Schädel. Nun wurde ihm alles klar. Seine Gefangenwärter wollten seine Haare künstlich erzeugen, um ihn dann wie seinen Freund Heinrich zu skalpieren. Zu entrinnen, um nicht dieser schrecklichen Tortur ausgesetzt zu werden, war von nun an sein einziger

Gedanke. Wie aber war das zu bewerkstelligen?

Eines Nachts war das Wetter furchtbar; Blitze durchkreuzten den Himmel, der Donner rollte, der Regen fiel in Strömen.

Die zwei Indianer, welche den Gefangenen bewachen sollten, dachten wohl, dass bei so schlechtem Wetter ihre Wache überflüssig sei, und dass sie sorglos schlafen könnten.

Als sie fest eingeschlafen waren, kroch Jakob geräuschlos zur Hütte hinaus und rannte fort, immer gerade aus, ohne zu wissen wohin. Er war so glücklich nicht wieder in die Hände dieser Wilden zu fallen.

Er verzichtete auf seine weitere Reise nach dem Westen und beeilte sich nach Frankreich zurückzukehren, wo er bald wieder anlangte mit einem dichten Haarwuchse auf dem Kopfe.

Als er sein Abenteuer zum ersten Male im Kreise seiner Freunde erzählte, zeigte er ihnen zwei Fläschchen von der Pommade, deren sich die Indianer zur Einreibung seines Kopfes bedient hatten, und welche er mitgenommen hatte. Er liess sich ähnliche Pommade anfertigen und durch glückliches Verwenden seines Abenteuers erwarb er sich rasch ein grosses Vermögen.

Jakob starb ohne das Rezept der wunderbaren Pommade zu hinterlassen.

Fragen und Antworten.

Wann kamen Heinrich und Jakob auf die Idee nach dem Westen der Vereinigten Staaten zu reisen? Von wem wurde ihr Zug angehalten? Wie wurden sie in dem

Wigwam bewacht? Welches war Heinrichs Schicksal? Warum wurde Jakob nicht skalpiert? Überlebte Heinrich diese schmerzhafte Tortur? Wurde Jakob in Freiheit gesetzt? Wusste er, warum er schärfer bewacht wurde? Worüber verwunderte er sich? Warum befragte er nicht diejenigen, welche ihn bewachten? Wie lange hatten diese Reibungen schon stattgefunden, als er endlich begriff, zu welchem Zwecke man sie vornahm? Welchen Entschluss fasste er? Was für eine Nacht wählte er zu seinem Plane? Warum wählte er eine stürmische Nacht? Wohin eilte Jakob, als er den Wigwam verlassen hatte? Was that er, als er den Indianern entronnen war? Was nahm er mit, als er entfloh? War er noch kahlköpfig, als er nach Paris zurükkam? Auf welche Weise erwarb er ein grosses Vermögen?

Bildet Fragen zu den folgenden Antworten.

....? — Es waren zwei Franzosen.

....? — Sie wurden auf ihrer Reise nach dem Westen aufgehalten.

....? — Sie wurden in einen Wigwam eingeschlossen.

....? — Zwei bis zu den Zähnen bewaffnete Indianer (bewachten sie).

....? — Heinrich war auf seinen Haarwuchs sehr stolz.

....? — Jakobs Kopf war glatt wie eine Billardkugel.

....? — Nein, er konnte nichts für seinen Kameraden thun.

....? — Er starb am folgenden Tage.

....? — Sie rieben seinen Kopf jeden Morgen und jeden Abend ein.

....? — Er fühlte Haare auf seinem Schädel.

....? — Er begriff, dass sie auf seinem Kopfe Haare erzeugen wollten, um ihn nachher zu skalpieren.
....? — Die beiden Indianer dachten, dass die Überwachung unnötig wäre.
....? — Er benützte den Augenblick, als die beiden Indianer eingeschlafen waren.
....? — Nein, er war so glücklich nicht mehr in ihre Hände zu fallen.
....? — Er zeigte ihnen zwei Fläschchen mit Pommade, die er mitgenommen hatte.
....? — Es existiert keine mehr, weil Jakob starb, ohne die Art und Weise der Anfertigung zu hinterlassen.

Grammatik.

Wie die Zeitwörter, so verlangen auch viele Adjektive ein Objekt in einem bestimmten Falle, im Genitiv oder Dativ, z. B.: Der Arbeiter ist seines Lohnes wert. Der Unglückliche ist des Trostes bedürftig. Sei der genossenen Wohlthaten eingedenk. Der Affe ist dem Menschen ähnlich. Diese Tochter ist ihrer Mutter sehr unähnlich. Viele Pflanzen sind den Menschen schädlich.

VIER UND DREISSIGSTE AUFGABE. — Jakob schreibt seinem Freunde in Paris einen Brief, in welchem er sein Abenteuer erzählt.

Deutsch-Englisches

WÖRTERBUCH

Aal, der; *the eel.*
ab; *off, away.*
abändern; *to alter, to change.*
Abänderung, die; *the alteration.*
abbrechen, *to break off.*
abdanken; *to discharge.*
Abend, der; *the evening.*
abends; *in the evening.*
Abendessen, das; *the supper.*
Abendunterhaltung, die; *evening party.*
Abenteuer, das; *the adventure.*
aber; *but.*
abermals; *again, once more.*
abfahren; *to start.*
Abfahrt, die; *the departure.*
Abfall, der; *the falling off.*
Abgang, der; *the departure.*
abgebrochen; *broken off.*
abgeschieden; *departed.*
abgesondert; *separated.*
Abgrund, der; *the abyss.*
abholen; *to fetch, to go for.*
Abkunft, die; *the origine.*
Ablieferung, die; *the delivery.*
Abonnent, der; *the subscriber.*
abonnieren; *to subscribe.*
abrechnen; *to subtract.*
abreiben; *to rub off.*

Abreise, die; *the departure.*
abreisen; *to depart.*
abscheulich; *horrible, abominable.*
Abschied, der; *the leave.*
Abschied nehmen; *to take leave.*
absenden; *to send away.*
Absicht, die; *the intention.*
absichtlich; *intentional.*
abteilen; *to divide.*
abtrennen; *to separate.*
abwärts; *downward.*
Achse, die; *the axis.*
acht; *eight.*
achtbar; *respectable.*
achten; *to respect.*
acht hundert; *eight hundred.*
achtsam; *attentive.*
Achtung, die; *the attention.*
achtzehn; *eighteen.*
achtzig; *eighty.*
Acker, der; *the acre.*
Adel, der; *the nobility.*
Ader, die; *the vein.*
Adler, der; *the eagle.*
Adresse, die; *the address.*
Advokat, der; *the lawyer.*
Affe, der; *the monkey.*
Ahn, der; die Ahne; *the ancestor*
ahnen; *to forsee.*

ähnlich; *similar, like.*
ähnlich sehen; *to look like.*
Ähnlichkeit, die; *the similarity.*
Ahnung, die; *the presentiment.*
Ähre, die; *the ear (of corn, weat).*
Akademie, die; *the academy.*
all, alle; *all.*
Allee, die; *the promenade, walk.*
allein; *alone.*
allerdings; *certainly, entirely.*
allerlei; *all kinds of.*
als; *when.*
alsdann; *then.*
alsobald; *immediately.*
alt; *old.*
Alter, das; *the (old) age.*
am (an dem); *to the, at the.*
Amerikaner, der; *the American.*
Amt, das; *the office.*
an; *at, to, on.*
anbeten; *to adore.*
anbieten; *to offer.*
Anblick, der; *the sight.*
Andenken, das; *the souvenir.*
andere, der, die, das; *the other.*
ändern; *to alter, to change.*
anders; *otherwise.*
andeuten; *to signify, to notify.*
Anfang, der; *the beginning.*
anfangs; *at the beginning.*
angeben; *to mark.*
Angedenken, das; *the remembrance.*
angehören; *to belong to.*
Angel, die; *the hook.*
Angelegenheit, die; *the affair, the concern.*
angelockt; *allured.*
angenehm; *agreeable.*

angesehen; *respected.*
Angesicht, das; *the face.*
angestellt; *engaged.*
Angestellte, der; *the employed*
angreifen; *to attack.* [*(man).*
Angriff, der; *the attack.*
ängstlich; *anxious.*
anhalten; *to stop.*
Anhöhe, die; *the height.*
anklagen; *to accuse.*
ankleiden; *to dress.*
ankommen; *to arrive.*
anknüpfen; *to begin.*
Ankunft, die; *the arrival.*
anlangen; *to arrive.*
anlocken; *to allure.*
annehmen; *to accept.*
anraten; *to advise.*
ans (an das): *to the, at the.*
ansehen; *to look at.*
anschauen; *to look at.*
ansiedeln; *to settle down.*
Anspielung, die; *the allusion.*
anständig; *decent, proper.*
anstatt; *instead of.*
anstrengen; *to make efforts.*
anraten; *to advise.*
Anteil, der; *the part, the share.*
antreten; *to begin.*
Antwort, die; *the answer.*
antworten; *to answer.*
anweisen; *to order, to direct.*
anwenden; *to make use of.*
anwesend; *present.*
Anwesenheit, die; *the presence.*
anzeigen; *to point at, to indicate.*
anziehen; *to dress.*
Anzug, der; *the dress, the suit.*

anzünden; *to set fire to.*
Apfel, der; *the apple.*
Apfelbaum, der; *the apple tree.*
April, der; *April.*
Arbeit, die; *the work.*
arbeiten; *to work.*
arbeitsam; *industrious.*
Arbeitszimmer, das; *the studio.*
ärgerlich; *angrily.*
aristokratisch; *aristocratic.*
arm; *poor.*
Arm, der; *the arm.*
Armee, die; *the army.*
Ärmel, der; *the sleeve.*
ärmlich; *poorly.*
Armsessel, der; *the easy chair.*
Armut, die; *the poverty.*
Art, die; *the kind.*
Arzt, der; *the pyhsician.*
Asche, die; *the ashes.*
Ast, der; *the branch.*
Atem, der; *the breath.*
atmen; *to breathe.*
auch; *also.*
auf; *on, upon.*
aufbieten; *to call up, to summon.*
Aufenthalt, der; *the stay.*
auffallen; *to offend, to strike.*
aufführen; *to play.*
Aufgabe, die; *the lesson.*
aufgeben; *to give up.*
aufhalten; *to stop.*
aufheben; *to pick up.*
aufklären; *to clear up, to explain.*
Aufklärung, die; *the explanation.*
aufmerken; *to be attentive.*

aufmerksam; *attentive.*
Aufmerksamkeit, die; *attention.*
aufnehmen; *to receive, to accept.*
aufs (auf das); *on the, upon the.*
Aufseher, der; *the janitor.*
aufstehen; *to get up, to rise.*
Auftrag, der; *the commission, the errand.*
aufwärts; *upward.*
aufziehen; *to wind up.*
Auge, das; *the eye.*
Augenblick, der; *the moment.*
Augenschein nehmen, in; *to inspect.*
August, der; *August.*
aus; *out of.*
ausbessern; *to mend, to repair.*
Ausdruck, der; *the expression.*
ausfinden; *to find out.*
Ausflug, der; *the excursion.*
ausgeben; *to spend, to give out.*
ausgedehnt; *extensive.*
ausgehen; *to go out.*
ausgezeichnet; *excellent.*
Auskunft, die; *the information.*
Aushängeschild, das; *the sign.*
auslegen; *to explain.*
auslöschen; *to extinguish.*
ausrichten; *to fulfill.*
aussehen; *to appear.*
Aussehen, das; *the appearance.*
ausser; *besides, out of.*
ausserhalb; *without, beyond.*
aussetzen; *to expose.*
Aussicht, die; *the sight, view.*
ausweisen, sich; *to identify.*
Axt, die; *the axe.*

B

Bach, der; *the brook.*
Bäcker, der; *the baker.*
Backe, die; *the cheeck.*
Bad, das; *the bath.*
baden; *to take a bath.*
Badeort, der; *the watering place.*
Badewanne, die; *the bath tup.*
Badezimmer, das; *the bath room.*
Bahn, die; *the road, the way.*
Bahnhof, der; *the station, the depot.*
bald; *soon.*
Ball, der; *the ball.*
Bank, die; *the bench.*
Baronin, die; *the baroness.*
Bart, der; *the beard.*
bauen; *to build, to form.*
Baum, der; *the tree.*
Bäumchen, das; *the little tree.*
Bauplatz, der; *the (building) site.*
Beamte, der; *the officer.*
beauftragen; *to order.*
beben; *to tremble.*
Becken, das; *the basin.*
bedeuten; *to signify.*
Bedeutung, die; *the signification.*
Bediente, der; *the servant.*
Bedingung, die; *the condition.*
bedrohen; *to threaten.*
bedürfen; *to be in need of.*
beeilen, sich; *to hasten.*
Befehl, der; *the command.*
befehlen; *to command.*
befinden; *to be.*

Beförderung, die; *the advancement.*
befreien; *to liberate.*
begeben, sich; *to go, to happen.*
begegnen; *to meet.*
begehen; *to commit.*
beginnen; *to begin.*
begleiten; *to accompany.*
begreifen; *to understand.*
bei; *near, by.*
beide; *both.*
beifügen; *to add.*
Bein, das; *the leg.*
beilegen, sich; *to settle, to take.*
beinahe; *almost.*
beissen; *to bite.*
beitragen; *to add.*
bekommen; *to receive, to get.*
Belagerung, die; *the siege.*
beleuchten, *to light up.*
belohnen; *to reward.*
bemerken; *to notice.*
benützen; *to make use of.*
bequem; *comfortable.*
berauben; *to rob.*
bereit; *ready.*
bereuen; *to regret.*
Berg, der; *the mountain.*
bergen; *to conceal.*
berüchtigt; *notorious.*
beruhigen; *to quiet.*
berühmt; *famous.*
beschäftigen, sich; *to busy one's self.*
beschäftigt; *busy.*
bescheiden; *modest.*
bescheinen; *to shine upon.*

beschuldigen; *to accuse.*
besitzen; *to possess, to own.*
Besitztum; *the property, the possession.*
besonders; *especial.*
besorgen; *to take care of.*
best (gut, besser, best); *best.*
bestehen; *to consist.*
besteigen; *to ascend.*
bestimmen; *to order.*
bestimmt; *definite.*
bestürzt; *consternate.*
Besuch, der; *the visit.*
besuchen; *to visit.*
Besucher, der; *the visitor.*
beten; *to pray.*
beteiligen; *to take part.*
Bett, das; *the bed;* zu Bett gehen; *to go to bed.*
betrachten; *to look at.*
beträchtlich; *considerable.*
betragen; *to amount to; to behave.*
Betragen, das; *the behavior.*
betrübt; *sad, sorry.*
betrügen; *to cheat.*
Bettuch, das; *the sheet.*
Bettdecke, die; *the bed cover.*
bevor; *before.*
bewaffnet; *armed.*
bewegen; *to move, to stir.*
Beweis, der; *the proof.*
beweisen; *to prove, to show.*
bewerkstelligen; *to bring about, to execute.*
bewohnen; *to inhabit.*
Bewohner, der; *the inhabitant.*
bewundern; *to admire.* [*tion.*
Bewunderung, die; *the admira-*

bezahlen; *to pay.*
Bezahlung, die; *the payment.*
bezeigen; *to show.*
Bibliothek, die; *the library.*
biegen; *to bend.*
Bier, das; *the beer.*
bieten; *to offer.*
bilden; *to form.*
Billardstock, der; *the cue.*
Billet, das; *the ticket.*
Billetschalter, der; *the wicket.*
billig; *cheap.*
binden; *to bind.*
binnen; *within.*
Birne, die; *the pear.*
Birnbaum, der; *the pear tree.*
bis; *until.*
bisher; *till now.*
bisweilen; *sometimes.*
Bitte, die; *the prayer, request.*
bitten; *to pray.*
blasen; *to blow.*
blass; *pale.*
Blatt, das; *the leaf.*
blau; *blue.*
bleiben; *to stay, to remain.*
Bleifeder, die; *the lead pencil.*
Blick, der; *the glance.*
Blitz, der; *the lightning.*
blühen; *to bloom.*
Blume, die; *the flower.*
Blumenkrone, die; *the corola.*
Blut, das; *the blood.*
Boden, der; *the floor.*
Bohne, die; *the bean.*
Bollwerk, das; *the boulevard.*
Boot, das; *the boat.*
Börse, die; *the exchange.*
braten; *to roast.*

brauchen; *to be in need of.*
brechen; *to break.*
Breite, die; *the width.*
brennen; *to burn.*
Brief, der; *the letter.* [*stamp.*
Briefmarke, die; *the postage*
Brieftasche, die; *the enveloppe*
Briefträger, der; *the postman.*
bringen; *to bring.*
Brot, das; *the bread;* sein Brot verdienen; *to earn one's living.*

Brücke, die; *the bridge.*
Bruder, der; *the brother.*
Brust, die; *the chest.*
Buch, das; *the book.*
Buchstabe, der; *the letter.*
Bühne, die; *the stage.*
Bündel, das; *the parcel.*
Bureau, das; *the office.*
bürgerlich; *civil.*
Butter, die; *the butter.*

D

da; *there.*
dagegen; *however.*
damals; *at that time.*
Dampf, der; *the steam.*
Dampfer, der; *the steamer.*
Dampfschiff, das; *the steamer, steamboat.*
Dank, der; *the gratitude.*
danken; *to thank.*
daran; *at it;* sich daran machen, *to get ready.*
darauf; *on it.*
dass; *that.*
Dauer, die; *the duration.*
dauern; *to last.*
davon; *from it.* [*away.*
davon machen, sich; *to hurry*
Decke, die; *the ceiling; the cover.*
dein, deine; *thy.*
denken; *to think.*
denn; *for.*
Depesche, die; *the telegram.*
der; *the, who, which.*
derselbe; *the same.*
deutsch; *German.*

Dezember, der; *December.*
Diamant, der; *the diamond.*
Dieb, der; *the thief.*
dienen; *to serve.*
Diener, der; *the servant.*
Dienst, der; *the service.*
Dienstag, der; *Tuesday.*
dieser; *this.*
diesseit; *on this side.*
Donner, der; *the thunder.*
Donnerstag, der; *Thursday.*
Dorf, das; *the village.*
dort; *there.*
drängen, sich; *to press.*
drei; *three.*
dreizehn; *thirteen.*
dringen; *to press, to insist.*
dritte, der; *the third.*
drückend; *oppressive.*
du; *thou.*
Dummheit, die; *stupidity.*
dunkel; *dark.*
dunkelblau; *darkblue.*
durch; *through.*
dürfen; *to be allowed.*

E

eben; *level.*
ebenfalls; *also.*
ebenso—als; *as—as.*
Ecke, die; *the corner.*
echt; *genuine.*
edel; *nobel.*
Edelmütigkeit, die; *generosity.*
Ehe, die; *the marriage.*
ehe; *before.*
ehemalig; *former.*
Ehre, die; *the honor.*
ehrlich; *honest.*
Ei, das; *the egg.*
Eiche, die; *the oak tree.*
Eifer, der; *eagerness.*
Eifersucht, die; *jealousy.*
eigentlich; *proper.*
Eigentümer, der; *the proprie-*
eigentümlich; *peculiar.* [*tor.*
Eile, die; *the haste.*
eilen; *to hasten, hurry.*
ein; *a, an.*
Einbildung, die; *imagination.*
eindringen; *to force an entrance.*
Eindruck, der; *the impression.*
einfach; *simple, plain, frugal.*
einfahren; *to arrive.*
Einfuhr, die; *the import.*
Einführung, die; *the introduction.*
eingedenk; *remembering.*
einigen; *to unite.*
Einkauf, der; *the purchase.*
einladen; *to invite.*
Einladung, die; *the invitation.*
einmal; *once.*
eins; *one.*

einschliessen; *to lock up.*
einschreiben; *to register.*
einsetzen; *to put in.*
einst; *once.*
eintreffen; *to arrive.*
eintreten; *to enter.*
einwilligen; *to agree.*
Einwohner, der; *the inhabitant.*
Einzahl, die; *the singular.*
Einzelheit, die; *the detail.*
einzig; *single.*
Eis, das; *the ice.*
Eisen, das; *the iron.*
Eisenbahn, die; *the railroad.*
Eiswasser, das; *ice-water.*
Elefant, der; *the elephant.*
Ellbogen, der; *the elbow.*
elf; *eleven.*
Elfenbein, das; *the ivory.*
Eltern, die; *the parents.*
Empfang nehmen, in; *to receive.*
empfangen; *to receive.*
Empfangsfeierlichkeit, die; *the reception.*
Empfangszimmer, das; *the reception room.*
empfehlen; *to recommend.*
empfinden; *to feel.*
emporblühen; *to bloom; to flou-*
Ende, das; *the end.* [*rish.*
endlich; *at last.*
eng; *narrow.*
Engel, der; *the angel.*
englisch; *English.*
entdecken; *to discover.*
Entdeckung, die; *the discovery.*
entfalten; *to develop.*

entgegen; *opposite.*
enthalten; *to contain.*
entlang; *along.*
entlassen; *to discharge.*
entledigen: *to get rid of.*
entrinnen; *to escape.*
entscheiden; *to decide.*
entschuldigen; *to excuse.*
Entschuldigung, die; *the excuse.*
Entsetzen, das; *the horror.*
entsetzt; *horrified.*
entweder—oder; *either—or.*
entwischen; *to escape.*
entziehen, sich; *to withdraw.*
entzückt; *charmed.*
erbauen; *to build.*
Erbe, der; *the heir.*
erben; *to inherit.*
erbleichen; *to turn pale.*
Erbse, die; *the pea.*
Erdbeere, die; *the strawberry.*
Erdbeerstaude, die; *the strawberry plant.*
Erde, die; *the earth.*
ereignen, sich; *to happen.*
erfassen; *to catch.*
erfinden; *to invent.*
Erfindung, die; *the invention.*
Erfolg, der; *the success.*
erfordern; *to require.*
Erfrischung, die; *the refreshment.*
erfüllen; *to fill.*
ergreifen; *to seize.*
erhalten; *to receive.*
erheben; *to arise.*
erholen; *to recuperate.*
erhöhen; *to increase.*
Erhöhung, die; *the increase.*

erinnern, sich; *to remember.*
Erinnerung, die; *remembrance.*
erkennen; *to recognize.*
erklären; *to explain.*
Erklärung, die; *the explanation.*
erlauben; *to permit.*
Erlaubnis, die; *the permission.*
erleiden; *to suffer.*
erlernen; *to learn.*
erleuchten; *to light up.*
erlöschen; *to extinguish.*
ermüden; *to get tired.*
ernennen; *to elect.*
Ernennung, die; *the election.*
Ernte, die; *the harvest.*
eröffnen; *to open.*
erregen; *to excite.*
erscheinen; *to appear.*
erschöpfen; *to exhauste.*
erschrecken; *to frighten.*
ersetzen; *to replace.*
erstaunt; *astonished.*
erste, der; *the first.*
erstickt: *suffocated.*
erwarten; *to expect.*
erwehren; *to prevent.*
erweisen; *to do, to show.*
erwidern; *to reply.*
erzählen; *to relate.*
erzeugen; *to produce.*
es; *it.*
Esel, der; *the donkey.*
essen; *to eat.*
Essig, der; *the vinegar.*
Esszimmer, das; *the dinning-room.*
etwas; *something.*
Europa; *Europe.*
exportieren; *to export.*

F

Fabrik, die; *the factory*.
fabrizieren; *to manufacture*.
Fächer, der; *the fan*.
fahren; *to drive*.
Fahrkarte, die; *the ticket*.
Fahrplan, der; *the time table*.
Fahrpreis, der; *the fare*.
Fahrt, die; *the drive*.
fallen; *to fall*.
falsch; *false*.
falten; *to fold*.
fangen; *to catch*.
Farbe, die; *the color*.
farbig; *colored*.
fast; *almost*.
Fasten, die; *lent*.
Feder, die; *the pen, feather*.
Februar, der; *February*.
Fehler, der; *the mistake, fault*.
feierlich; *solemn*.
Feind, der; *the enemy*.
Feinschmecker, der; *the epicure*.
Feld, das; *the field*.
Fell, das; *the skin*.
Fenster, das; *the window*.
fern; *distant*.
fertig; *finished, ready*.
fesseln; *to hold*.
fest; *firm, solid*.
Fest, das; *the festival*.
festhalten; *to hold back*.
festnehmen; *to arrest*.
festsetzen; *to fix*.
feucht; *damp*.
Feuchtigkeit, die; *the dampness*.

Feuer, das; *the fire*.
Fieber, das; *the fever*.
finden; *to find*.
finster; *dark*.
Fisch, der; *the fish*.
Flasche, die; *the bottle*.
Fläschchen, das; *the little bottle*
Fleisch, das; *the flesh, meat*.
Fleischbrühe, die; *the bouillon*.
Flieder, der; *the lilac*.
fliehen; *to flee*;
fliessen; *to flow*.
Flinte, die; *the gun*.
fliegen; *to fly*.
Flucht, die; *flight*.
Fluss, der; *the river*.
flüssig; *liquid*.
folgen; *to follow*.
folglich; *consequently*.
fordern; *to require*.
fort; *away*.
fortschaffen; *to bring away*.
fortsetzen; *to continue*.
Frage, die; *the question*.
fragen; *to ask*.
Franken, der; *the franc*.
Frankreich (das); *France*.
Franzose, der; *the Frenchman*.
französisch; *French*.
Frau, die; *the mistress, lady*.
Fräulein, das; *the young lady*.
frei; *free*.
Freitag, der; *Friday*.
Fremde, der; *the stranger*.
Freude, die; *joy*.
freuen, sich; *to rejoice*.
Freund, der; *the friend*.

freundlich; *friendly.*
frieren; *to freeze, to be cold.*
Friede, der, *peace.*
frisch; *fresh.*
fröhlich; *joyful.*
Fröhlichkeit, die; *the rejoicing.*
früh; *early.*
Frühling, der; *the spring.*
Frühstück, das; *the breakfast.*
frühstücken; *to breakfast.*
Frucht, die; *fruit.*
Fruchtbaum, der; *the fruit-tree.*
fühlen; *to feel.*

füllen; *to fill.*
führen; *to lead.*
fünf; *five.*
fünfzehn; *fifteen.*
fünfzig; *fifty.*
für; *for.*
Furcht, die; *fear;* von Furcht überwältigt sein; *overwhelmed with fear.*
fürchterlich; *terrible.*
Fürst, der; *the prince.*
Fuss, der; *the foot.*
Fussboden, der; *the floor.*

G

Gabe, die; *the gift.*
Gabel, die; *the fork.*
Gang, der; *the hall.*
ganz; *whole, entirely.*
gänzlich; *completely.*
Garten, der; *the garden.*
Gärtner, der; *the gardener.*
Garonne, die; *river in France.*
Gasse, die; *the allee.*
Gast, der; *the guest.*
Gasthof, der; *the hotel.*
Gatte, der; *the husband.*
Gattung, die; *the species, kind.*
geachtet; *respectable.*
Gebäude, das; *the building.*
geben; *to give.*
Geberde, die; *the gesture.*
Gebet, das; *the prayer.*
Gebot, das; *the command.*
gebrauchen; *to make use, to need.*
gebräuchlich; *usually.*
Gedächtnis, das; *the memory.*

Gedanke, der; *the thought.*
gedenken; *to intend.*
gedeihen; *to thrive.*
Geduld, die; *patience.*
Gefahr, die; *danger.*
gefährlich; *dangerous.*
gefallen; *to please.*
gefällig; *kind.*
gefälligst; *if you please.*
Gefangene, der; *the prisoner.*
Gefangenwärter, der; *the jailor.*
Geflügel, das; *the fowl.*
gefrieren; *to freeze.*
gegen; *toward.*
Gegend, die; *the region.*
Gegenstand, der; *the object.*
Gegenteil, das; *the contrary.*
gegenüber; *opposite.*
Gegenwart, die; *the present time.*
gegenwärtig; *present.*
Gehalt, das; *the salary.*

geheim; *secret.*
Geheimnis, das; *the secret.*
gehen; *to go;*
Gehör, das; *the hearing.*
gehorchen; *to obey.*
gehören; *to belong to.*
gehorsam; *obedient.*
geizig; *avaricious.*
gelassen; *cooly.*
gelb; *yellow.*
Geld, das; *money.*
Gelegenheit, die; *the opportunity.*
gelingen; *to succeed.*
Gemahl, der; *the husband.*
Gemahlin, die; *the wife.*
Gemälde, das; *the picture.*
Gemüse, das; *the vegetable.*
Gemüsegarten, der; *the vegetable garden.*
genau; *exactly.*
geniessen; *to enjoy; to eat.*
genug; *enough.*
genügend; *to be sufficient.*
Gepäck, das; *the package, the bagagge.*
Gepäckschein, der; *the package ticket.*
gerecht; *just.*
gering; *small.*
gern; *gladly.*
Geräusch, das; *the noise.*
Gesang, der; *the song.*
Geschäft, das; *the trade, business.*
Geschäftsführer, der; *the manager.*
Geschenk, das; *the present.*
Geschichte, die; *the story, history.*

Geschick, das; *skill.*
geschickt; *skillful.*
geschützt; *protected.*
Geselle, der; *the workman.*
Gesellschaft, die; *the company.*
Gesicht, das; *the sight.*
gesichert; *secure.*
Gesichtsfarbe, die; *the complexion.*
Gespräch, das, *the conversation.*
Gestalt, die; *size, height.*
Gestell, das; *the easel.*
gestern; *yesterday.*
gestreift; *striped.*
Gesundheit, die; *health.*
Getreide, das; *grain.*
getreu; *faithful.*
getreulich; *faithfully.*
gewähren; *to grant.*
Gewalt, die; *force, power.*
gewandt; *skillful.*
Gewehr, das; *the gun.*
Gewerbe, das; *trade.*
gewinnen; *to win, earn.*
gewiss; *certainly.*
Gewohnheit, die; *habit.*
gewöhnen, sich; *to get accustomed.*
gewöhnlich; *usually.*
Gewölbe, das; *the vault.*
giessen; *to pour.*
Gift, das; *the poison.*
glänzend; *shining.*
Glas, das; *the glass.*
Glaser, der; *the glazier.*
glatt; *smooth.*
glauben; *to believe.*
gleich; *alike.*
gleichbedeutend; *synonimous.*

gleichen; *to resemble.*
Gleichgewicht, das; *the equilibrium.*
gleiten; *to slide.*
Glied, das; *the limb.*
Glocke, die; *the bell.*
Glück, das; *the happiness.*
glücklich; *happy.*
Gold, das; *the gold.*
gothisch; *gothic.*
Grab, das; *the grave.*
graben; *to dig.*
Grabmal, das; *the tomb.*
Grad, der; *the degree.*
Grammatik, die; *the grammar.*
Gras, das; *the grass.*
Grasplatz, der; *the lawn.*
gratulieren; *to congratulate.*

grau; *gray.*
grauenerregend; *horrible.*
grausam; *cruel.*
greifen; *to grasp.*
griechisch; *Greek.*
gross; *great, big.*
grossartig; *grand.*
grossmütig; *generous.*
Gruft, die; *the vault.*
grün; *green.*
Grund, der; *the reason.*
Gruss, der; *the greeting.*
grüssen; *to greet.*
Gunst, die; *the favor.*
günstig; *favorable.*
gut; *good.*
Güte, die; *kindness.*
Güterzug, der; *the freight train.*

H

Haar, das; *the hair.*
Haarwuchs, der; *the growth of hair.*
haben; *to have.*
Hahn, der; *the rooster.*
halb; *half.*
halbverhungert; *half starved.*
Hals, der; *the neck.*
halten; *to hold;* (gehalten werden; *to be taken for.*
Haltstelle, die; *the stopping place.*
Haltung, die; *the holding.*
Hand, die; *the hand.*
Handel, der; *the trade.*
Handelsverbindung, die; *the trades connection.*
Handgepäck, das; *the package, satchel.*

Händler, der; *the dealer.*
Handschuh, der; *the glove.*
Handtuch, das; *the towel.*
Handwerk, das; *the trade.*
hangen; *to hang.*
harren; *to wait for.*
hart; *hard.*
Haupt, das; *the head.*
Hauptstadt, die; *the capital.*
Hauptwort, das; *the noun.*
Haus, das; *the house.*
Haustier, das; *the domestic animal.*
Hauswärter, der; *the janitor.*
Haut, die; *the skin.*
Heer, das; *the army.*
Heft, das; *the copy book.*
heftig; *violent.*

hegen; *to nourrish.*
heilig; *sacred.*
Heimat, die; *the home.*
heiss; *hot.*
heitzen; *to heat.*
Heizung, die; *the heating.*
Held, der; *the hero.*
helfen; *to help.*
hell; *bright, clear.*
heranwälzen; *to roll thither.*
herausstellen; *to show itself.*
Herbst, der; *the automne.*
hernach; *afterwards.*
Herr, der; *the master, gentleman, sir.*
herumfahren; *to drive around.*
herunterreissen; *to tear down.*
hervorbringen; *to produce.*
Herz, das; *the heart.*
herzlich; *heartily.*
heute; *to-day.*
heutzutage; *nowadays.*
hier; *here.*
hierauf; *thereupon.*
hierher; *hither.*
Hilfe, die; *the help.*
Himmel, der; *the heaven.*
hindern; *to prevent.*
Hindernis, das; *prevention.*

hindurch; *through.*
hinlänglich; *sufficient.*
hinreichend; *sufficient.*
hinten; *behind.*
hinuntergehen; *to go down stairs.*
Hirt, der; *the herdsman.*
Hitze, die; *the heat.*
hoch; *high.*
hochmütig; *proud.*
Hof, der; *the yard.*
Hoffnung, die; *the hope.*
hoffen; *to hope.*
höflich; *polite.*
Hofsitte, die; *the etiquette.*
hohl; *hallow.*
hohlen; *to get, to fetch.*
Holz, das; *the wood.*
Honig, der; *honey.*
hören; *to hear.*
Horizont, der; *the horizon.*
Hose, die; *the pants, trousers.*
hübsch; *pretty.*
Hund, der; *the dog.*
hungrig; *hungry.*
hüpfen; *to hop.*
Hut, der; *the hat.*
Hütte, die; *the hut.*

I

ich; *I.*
Idee, die; *the idea.*
ihm; *to him.*
ihr; *to her.*
im (in dem); *to the.*
immer; *always.*
importieren; *to import.*

imstande sein; *to be able.*
in; *in.*
indem; *while.*
indessen; *meanwhile.*
Indianer, der; *the Indian.*
infolge; *in consequence of.*
innen; *within.*

innerhalb; *within*.
innerlich; *inward, mentally*.
ins (in das); *in the*.
Insel, die; *the island*.
Instrument, das; *the instrument*.
interressant; *interesting*.
interessieren; *to interest*.

Inventar, das; *the list*.
irgendwelch; *any*.
irren, sich; *to be mistaken*.
Irrtum, der; *the error*.
Italien; *Italy*.
italienisch; *Italian*.

J

Ja; *yes*.
Jagd, die; *the hunt, the chase*.
jagen; *to hunt*.
Jäger, der; *the hunter*.
Jahr, das; *the year*.
Jahrhundert, das; *the century*.
jährlich; *yearly*.
Januar, der; *January*.
jedenfalls; *surely*.
jederman; *everybody*.
jedoch; *however*.
jemals; *ever*.

jemand; *somebody*.
jener; *that one*.
jenseit; *on the other side*.
jetzt; *now*.
Jugend, die; *youth*.
Juli, der; *July*.
jung; *young*.
Jungfrau, die; *the maiden*.
Jüngling, der; *the youth (young man)*.
Juni, der; *June*.

K

Kaffee, der; *the coffee*.
Käfig, der; *the cage*.
kahl; *bare*.
kahlköpfig; *bald, baldheaded*.
Kahn, der; *(small) boat*.
Kaiser, der; *the emperor*.
Kajüte, die; *the cabin*.
Kalb, das; *the calf*.
kalt; *cold*.
Kälte, die; *the cold*.
Kamerad, der; *the comrade*.
Kamin, der; *the chimney*.
Kaminsims, der; *the mantelpiece*.

Kampf, der; *the struggle, battle*.
Kanal, der; *the canal*.
Kappe, die; *the cap*.
karriert; *plaid*.
Kartoffel, die; *the potatoe*.
Kasse, die; *the ticket office*.
Katze, die; *the cat*.
kaufen; *to buy*.
Kaufmann, der; *the merchant*.
kein; *no, none*.
Keller, der; *the cellar*.
Kellner, der; *the waiter*.
kennen; *to know*.
Kerker, der; *the prison*.

Kerkermeister, der; *the jailor.*
Kern, der; *the kernel.*
Kerze, die; *the candle.*
Kilogramm, das; *the kilo.*
Kind, das; *the child.*
Kinn, das; *the chin.*
Kirche, die; *the church.*
Kirsche, die; *the cherry.*
Kirschbaum, der; *the cherry tree.*
Kiste, die; *the chest, box.*
klagen; *to complain.*
Klang, der; *the sound.*
klar; *clear.*
Klavier, das; *the piano.*
Kleid, das; *the dress.*
Kleidungsstück, das; *the wearing apparel.*
klettern; *to climb.*
klingeln; *to ring the bell.*
klingen; *to resound.*
Klub, der; *the club.*
klug; *prudent.*
Knabe, der; *the boy.*
Knie, das; *the knee.*
Knopf, der; *the button.*
kochen; *to cook.*
Köchin, die; *the (f.) cook.*
Koffer, der; *the trunk.*
Kohl, der; *the cabbage.*

Kohle, die; *the coal.*
komisch; *comical.*
kommen *to come.*
Kommode, die; *the chest of drawers.*
König, der; *the king.*
können; *to be able.*
Kopf, der; *the head.*
Körper, der; *the body.*
kostbar; *costly, precious.*
Kraft, die; *strength.*
kräftig; *strong, powerful.*
Kragen, der; *the collar.*
kratzen; *to scratch.*
Kreide, die; *the chalk.*
kriechen; *to creep.*
Krieg, der; *the war.*
Küche, die; *the kitchen.*
Kugel, die; *the ball.*
kühn; *bold.*
Kunst, die; *the art.*
Künstler, der; *the artist.*
künstlich; *artificially.*
Kunstwerk, das; *piece of art.*
kurz; *short.*
Kuss, der; *the kiss.*
Küste, die; *the coast.*
Kutsche, die; *the carriage.*
Kutscher, der; *the coachman.*

L

lachen; *to laugh.*
Lachen, das; *the laughter.*
lächerlich; *ridiculous.*
lächeln; *to smile.*
laden; *to charge.*
Ladentisch, der; *the counter.*

Ladung, die; *the cargo.*
Lage, die; *the position.*
Lampe, die; *the lamp.*
Land, das; *the country.*
Landhaus, das; *the villa, the country seat.*

Landmann, der; *the farmer.*
Landschaft, die; *the landscape.*
lang; *long.*
Länge, die; *the length.*
längs; *along.*
langsam; *slowly.*
langweilen, sich; *find time long.*
lassen; *to let.*
laufen; *to walk.*
Laune, die; *the notion.*
laut; *aloud.*
leben; *to live.*
Leben, das; *the life.*
lebenslänglich; *for life.*
Lebensdauer, die; *the time of life.*
Lebenswandel, der; *manner of living.*
Lebewohl, das; *goodbye.*
lebhaft; *lively.*
leer; *empty, vacant.*
Lehne, die; *the back of a chair.*
Lehnstuhl, der; *the easy chair.*
Lehre, die; *the lesson.*
Lehrer, der; *the teacher.*
Leib, der; *the trunk, the body.*
Leibchen, das; *the bodice.*
leicht; *easy.*

leid; es thut mir leid; *I feel sorry.*
leiden; *to suffer.*
lenken; *to turn.*
lesen; *to read.*
Leseübung, die; *the reading lesson.*
letzt; *last.*
Leute; *people.*
Licht, das; *the light.*
lieben; *to love.*
Liebhaber, der; *the amateur.*
Lieblingsbeschäftigung, die; *the favorite work.*
liebenswürdig; *amiable.*
links, zur Linken; *to the left.*
Lippe, die; *the lip.*
loben; *to praise.*
Loch, das; *the hole.*
Löffel, der; *the spoon.*
Loge, die; *the box.*
logieren; *to lodge.*
Lohn, der; *wages.*
Lohnerhöhung, die; *increase of wages.*
Lohnkutsche, die; *the cab.*
lösen; *to solve.*
Luft, die; *the air.*
Lustspiel, das; *the comedy.*

M

machen; *to make.*
Mädchen, das; *the girl, the maiden.*
Mahlzeit, die; *the repast, the meal.*
Mai, der; *May.*
Mal; *times.*
Mann, der; *the man.*

männlich; *masculine.*
Mark, die; *the mark (German coin).*
Marmor, der; *the marble.*
März, der; *March.*
Maske, die; *the mask.*
Mauer, die; *the wall.* [*mals.*
Maul, das; *the mouth (of ani-*

Meer, das; *the ocean.*
Meeresküste, die; *the sea shore.*
mehr; *more.*
mehrere; *several.*
Mehrzahl, die; *the plurality.*
Meile, die; *the mile.*
mein; *my.*
Meister, der; *the master.*
melden; *to announce.*
Menge, die; *the multitude, crowd.*
Mensch, der; *man, mankind.*
Messer, das; *the knife.*
Miete, die; *the rent.*
Mietvertrag, der; *the contract, lease.*
Milch, die; *the milk.*
Milchwirtschaft, die; *the dairy.*
mildthätig; *charitable.*
Minute, die; *the minute.*
missfallen; *to displease.*
mit; *with.*
mitbringen; *to bring along.*
Mitschuldige, der; *the accomplice.*
Mittag, der; *the midday.*
Mittagessen, das; *the noon day meal.*
Mitte, die; *the middle.*
mittels; *by means of.*
mitteilen; *to communicate.*

Mitternacht, die; *midnight.*
Mittwoch, der; *Wednesday.*
Möbel, das; *the piece of furniture.*
möbliert; *furnished.*
Mode, die; *the fashion.*
Modeladen, der; *the millinery store.*
Möhre, die; *the carrot.*
mögen; *may, to like.*
möglich; *possible.*
Monat, der; *the month.*
Monatsschrift, die; *the monthly magazine.*
Mönch, der; *the monk.*
Mond, der; *the moon.*
Montag, der; *Monday.*
Morgen, der; *the morning.*
morgen; *to-morrow.*
Mühe, die; *the trouble, peine.*
mühsam; *laboriously.*
Mund, der; *the mouth (of human beings).*
münden; *to empty.*
Mündung, die; *the mouth of a river.*
munter; *gay, joyful.*
murren; *to grumble.*
müssen; *to be obliged.*
Muster, das; *the pattern.*
Mutter, die; *the mother.*

N

nach; *after.*
Nachbarschaft, die; *the neighborhood.*
Nachforschung, die; *the inquiry.*
nachfragen; *to ask for.*

nachher; *afterwards.*
Nachmittag, der; *the afternoon.*
Nachricht, die; *the news.*
nachsehen; *to look after.*

Nacht, die; *the night.*
Nachtisch, der; *the desert.*
Nagel, der; *the nail.*
Nähe, die; *the proximity.*
nahe; *near.*
nähen; *to sew.*
Näherin, die; *the seamstress.*
Name, der; *the name.*
namentlich; *especially.*
Nase, die; *the nose.*
neben; *at the side of.*
nebst; *besides.*
nehmen; *to take.*
neidisch; *envious.*
Neige, die; *the end.*

neun; *nine.*
nicht; *not.*
nichts; *nothing.*
nie; *never.*
nieder; *down.*
niemals; *never.*
niemand; *nobody.*
Nippsachen, die; *trinkets.*
noch; *again, still.*
noch nicht; *not yet.*
Norden, der; *the north.*
nötig; *in need of.*
Notizbuch, das; *the notebook.*
Nummer, die; *the number.*
nur; *only.*

O

Obdach, das; *the shelter.*
obendrein; *moreover.*
oberhalb; *above.*
Ocean, der; *the ocean.*
oder; *or.*
Ofen, der; *the stove, oven.*
offen; *open.*
öffentlich; *public.*
öffnen; *to open.*

oft; *often.*
ohne; *without.*
Ohr, das; *the ear.*
Ohrfeige, die; *the earbox.*
Oktober, der; *October.*
Opfer, das; *the victim.*
Ort, der; *the place.*
Osten, der; *the east.*

P

Paar, das; *the pair.*
Palast, der; *the palace.*
Papier, das; *the paper.*
passen; *to fit.*
Partie, die; *the party (billiard, etc.)*

Personenzug, der; *the accomodation train.*
pfeifen; *to whistle.*
Pferd, das; *the horse.*
Pfirsich(e), der (die); *the peach.*
Pfirsichbaum, der; *the peachtree.*

pflücken; *to pick, to gather.*
plätten; *to iron.*
Platz, der; *the site.*
plaudern; *to chatter.*
plötzlich; *suddenly.*
polieren; *to polish.*
Polizeidiener, der; *the policeman.*
Possen, der; *the trick.*

prachtvoll; *magnificent.*
Preis, der; *the price.*
probieren; *to try.*
prüfen; *to examine.*
Punkt, der; *the point.*
pünktlich; *punctually.*
Pünktlichkeit, die; *the punctuality.*

Qual, die; *the suffering.*

Quelle, die; *the spring, fountain.*

Rache, die; *the revenge.*
Radieschen, das; *the radish.*
Rasiermesser, das; *the razor.*
Ratgeber, der; *the counsellor.*
Rathaus, das; *the city hall.*
Räuber, der; *the robber.*
rauchen; *to smoke.*
Raupe, die; *the caterpillar.*
rechnen; *to reckon; to cipher.*
Recht, das; *the right.*
Rechten (zur); *to the right.*
rechts; *to the right.*
Rechtsgelehrte, der; *the counsellor at law.*
Regal, das; *the shelf.*
Regel, die; *the rule.*
regelmässig; *regular.*
Regen, der; *the rain.*
regieren; *to rule.*
regnen; *to rain.*
reiben; *to rub.*

Reibung, die; *the friction.*
reich; *rich.*
reichhaltig; *rich.*
Reihe, die, *the turn;* der Reihe nach; *in turn.*
rein; *clean.*
reinigen; *to clean.*
Reinlichkeit, die; *the cleanliness.*
Reise, die; *the trip, journey.*
reisen; *to travel.*
Reisende, der; *the travellor.*
reizend; *charming.*
rennen; *to run.*
reparieren; *to repair.*
retten; *to save.*
Rettung, die; *the safety.*
Rheder, der; *the shipowner.*
riechen; *to smell.*
riesenhaft; *gigantic.*
Rock, der; *the coat.*

Rolle, die; *the part.*
rollen; *to roar.*
Rollvorhang, der; *the shade.*
rötlich; *reddish.*
Rücken, der; *the back.*

Rückweg, der; *the return.*
Rückstoss, der; *the recoil.*
rückwärts; *backward.*
rufen; *to call.*
rundlich; *rather round.*

Saal, der; *the parlor.*
Sache, die; *the thing; the affair.*
sächlich; *neuter.*
Sack, der; *the bag.*
sagen; *to say.*
Salat, der; *the lettuce.*
Salz, das; *the salt.*
Salzfass, das; *the salt cellar.*
Sammlung, die; *the collection.*
samt; *with.*
Sand, der; *the sand.*
Schädel, der; *the skull.*
schaden; *to hurt.*
schaffen; *to work.*
Schaltjahr, das; *the leap year.*
scharf; *sharp.*
Schatten, der; *the shade, the shadow.*
schätzen; *to praise, to value.*
schaukeln; *to balance.*
Scheibe, die (Fenster-); *the pane (window).*
scheinen; *to seem, to shine.*
schenken; *to present.*
schicken; *to send.*
Schicksal, das; *the fate.*
Schiff, das; *the ship.*
Schild, das; *the sign.*
Schlacht, die; *the battle.*
Schlaf, der; *the sleep.*
schlafen; *to sleep.*

schlaflos; *sleepless.*
Schlafsaal, der; *the dormitory.*
schlagen; *to strike.*
Schlange, die; *the snake.*
schlank; *slender.*
schlau; *cunning, sly, smart.*
schlecht; *bad.*
schliessen; *to close; to shut.*
Schlitten, der; *the sleigh.*
Schlittschuh, der; *the skate.*
schlittschuhlaufen; *to skate.*
Schlüssel, der; *the key.*
schmal; *narrow.*
schmeicheln; *to flatter.*
Schmelz, der; *the enamel.*
schmutzig; *dirty, soiled.*
Schnee, der; *the snow.*
schneiden; *to cut.*
Schneider, der; *the tailor.*
Schneiderin, die; *the dressmaker.*
schneien; *to snow.*
schnell; *quickly.*
Schnellzug, der; *the express train.*
schneuzen; *to wipe (the nose).*
Schnitter, der; *the reaper.*
Schnürleib; *the bodice.*
Schokolade, die; *the chocolate.*
schon; *already.*
schön; *beautiful.*

schrecken; *to frighten.*
Schrecken, der; *the terror, the fright.*
schreklich; *terrible.*
Schrei, der; *the cry.*
schreiben; *to write.*
Schreibtisch, der; *the desk.*
schreien; *to scream.*
schreiten; *to tread.*
Schritt, der; *the step.*
Schublade, die; *the drawer.*
schuldig; *indebted to.*
Schule, die; *the school.*
Schüler, der; *the pupil.*
Schulter, die; *the shoulder.*
Schuh, der; *the shoe.*
Schuhmacher, der; *the shoemaker.*
Schüssel, die; *the bowl, the dish.*
Schuster, der; *the shoemaker.*
schütteln; *to shake.*
schwarz; *black.*
schwer; *heavy, difficult.*
Schwester, die; *the sister.*
schwimmen; *to swim.*
schwingen; *to swing.*
sechs; *six.*
sechszig; *sixty.*
See, der; *the lake.*
Seebad, das; *the saltwater bath.*
seekrank; *seasick.*
Seekrankheit, die; *the seasickness.*
sehen; *to see.*
sehenswert; *worth seeing.*
sehr; *very.*
Seide, die; *the silk.*
Seidenware, die; *silkgoods.*
sein; *to be.* — sein; *his, her.*

seit; *since.*
Seite, die; *the page; the side.*
selbst; *self.*
selten; *rarely.*
Semmel, die; *the roll.*
senden; *to send.*
Senf, der; *the mustard.*
September, der; *September.*
Serviette, die; *the napkin.*
setzen; *to sit.*
sicher; *safe.*
Sicherheit, die; *the safety.*
siegen; *to conquer.*
Silber, das; *the silver.*
Sims, der; *the shelf.*
Skalp, der; *the scalp.*
skalpieren; *to scalp.*
skizzieren; *to sketch.*
sobald als; *as soon as.*
sofort; *immediately.*
Sohn, der; *the son.*
Sold, der; *the wages.*
Soldat, der; *the soldier.*
somit; *therefore.*
Sommer, der; *the summer.*
sonderbar; *peculiar.*
sondern; *to separate.*
Sonne, die; *the sun.*
Spargel, der; *the asparagus.*
sorgfältig; *carefully.*
Spass, der; *the joke.*
spasshaft; *jockingly.*
spät; *late.*
spazieren; *to go for a walk.*
Spazierfahrt, die; *the ride.*
speisen; *to dine.*
Speisekarte, die; *the bill of fare;*
Speisesaal, der; *the dinning hall.*

Spiegel, der; *the mirror.*
Spiel, das; *the play.*
spielen; *to play.*
Spielzeug, das; *the toy.*
Spinat, der; *the spinage.*
spinnen; *to spin.*
Sprache, die; *the language.*
sprechen; *to speak.*
springen; *to jump, to run.*
Sprung, der; *the jump.*
Staat, der; *the state.*
Stadt, die; *the city, town.*
Staffelei, die; *the easel.*
Stahl, der; *the steel.*
Stamm, der; *the stem.*
Standuhr, die; *the clock.*
statt; *instead of.*
Stätte, die; *the place.*
stehlen; *to steal.*
Steigerung, die; *the comparison.*
Stein, der; *the stone.*
stellen; *to place.*
Stellung, die; *the position.*
sterben; *to die.*
Stern, der; *the star.*
Stiefel, der; *the boot.*

Stiege, die; *the staircase.*
Stirne, die; *the forehead.*
Stock, der; *the story; the stick.*
Stockwerk, das; *the story.*
Strafe, die; *the punishment.*
strafen; *to punish.*
Strahl, der; *the beam.*
strahlen; *to beam.*
Strasse, die; *the street.*
Streich, der; *the stroke; trick.*
Streichholz, das; *the match.*
Streit, der; *the quarrel.*
streiten; *to quarrel.*
streitig; *disputed.*
streng; *severe.*
Strom, der; *the stream.*
Stück, das; *the piece.*
Stuhl, der; *the chair.*
Stunde, die; *the hour.*
Sturm, der; *the storm.*
stürzen, sich; *to run, to throw.*
suchen; *to seek.*
Süden, der; *the south.*
Suppe, die; *the soup.*
süss; *sweet.*

T

Tag, der; *the day.*
täglich; *daily.*
tanzen; *to dance.*
Tapete, die; *the wallpaper.*
Tasche, die; *the pocket.*
Tasse, die; *the cup.*
tausend; *a thousand.*
Teil, der; *the part.*
Teller, der; *the plate.*
Teppich, der; *the carpet.*

Testament, das; *the will.*
Theater, das; *the theatre.*
Thee, der; *the tea.*
Thräne, die; *the tear.*
thun; *to do.*
Thüre, die; *the door.*
Thurm, der; *the tower.*
tief; *deep.*
Tier, das; *the animal.*
Tinte, die; *the ink.*

Tintenfass, das; *the inkstand.*
Tisch, der; *the table.*
Titel, der; *the title.*
Tochter, die; *the daughter.*
tragen; *to carry.*
Traube, die; *the bunch of grapes.*
träumen; *to dream.*
Treibhaus, das; *the green house.*
Treppe, die; *the staircase.*
treten; *to step.*
trinken; *to drink.*
Trinkgeld, das; *the tip.*
trocknen; *to wipe.*
Tuch, das; *the cloth.*

U

übel; *bad.*
über; *over.*
überall; *all over.*
überbringen; *to bring.*
überdies; *moreover.*
überflüssig; *superfluous useless.*
übergeben; *to hand over, surrender.*
Übergewicht, das; *the overweight.*
überliefern; *to hand over.*
übermorgen; *the day after tomorrow.*
überraschen; *to surprise.*
Überrock, der; *the overcoat.*
überschreiten; *to cross over.*
übersehen; *to overlook.*
Überwachung, die; *the guard, watch.*
Ufer, das; *the bank.*
Uhr, die; *the watch.*
Uhrmacher, der; *the watchmaker.*
um; *for, around, in order to.*
Umdrehung, die; *the rotation.*
umgeben; *to surround.*
Umgegend, die; *the region.*
umsonst; *in vain; gratuitously.*

Umstand, der; *the circumstance.*
umwerfen; *to overthrow.*
unbedingt; *without condition.*
unbekannt; *unknown.*
unbesetzt; *vacant.*
unbestimmt; *indefinite.*
ungeheuer; *immense.*
unmöbliert; *unfurnished.*
unmöglich; *impossible.*
und; *and.*
unentgeltlich; *gratuitously.*
unentschlossen; *undecided.*
unerschrocken; *bold.*
ungefähr; *about.*
ungeachtet; *in spite of.*
unglücklich; *unhappy.*
unter; *under, among.*
unterdessen; *meanwhile.*
unterhalb; *underneath.*
unterhalten; *to entertain.*
Unterhaltung, die; *the interview.*
unterirdisch; *subterranean.*
unternehmen; *to undertake.*
untersagen; *to forbid.*
untersuchen; *to examine.*
Untersuchung, die; *the inquiry.*
unterwerfen; *to subject.*

unterziehen; *to subject.*
Unvorsichtigkeit, die; *the imprudence.*

unweit; *not far.*
Ursache, die; *the cause.*

V

Vater, der; *the father.*
Vase, die; *the vase.*
Veilchen, das; *the violet.*
veranstalten; *to prepare, to arrange.*
Verbindung, die; *the connection.*
Verbrecher, der; *the criminel.*
verbringen; *to spend, to pass.*
Verdeck, das; *the deck.*
verdienen; *to earn.*
Verein, der; *the club.*
Vereinigte Staaten; *United States.*
Vereinslokal, das; *the clubroom.*
vergessen; *to forget.*
Vergnügen, das; *the pleasure.*
verhängnissvoll; *fatal.*
verharren; *to remain.*
verheiraten; *to marry.*
verhindern; *to prevent.*
Verkauf, der; *the sale.*
verkaufen; *to sell.*
Verkleidung, die; *the disguise.*
verlangen; *to ask for, to require.*
verlassen; *to leave.*
Verlegenheit, die; *the confusion.*
verleihen; *to give.*
Verletzung, die; *the bruise, the wound.*
verlieren; *to lose.*

vermachen; *to will.*
vermieten; *to rent, to lent.*
vermittelst; *by means of.*
vermöge; *by dint of.*
Vermögen, das; *the property, fortune.*
vermuten; *to suspect.*
verpflegen; *to take care of.*
verreisen; *to depart.*
versammeln; *to meet, to come together.*
versäumen; *to miss.*
verschieben; *to postpone.*
verschieden; *divers, various.*
versetzen; *to reply, to apply, to give.*
versichern; *to assure.*
versprechen; *to promise.*
Versprechen, das; *the promise.*
verstehen; *to understand.*
verstimmt; *out of tune.*
Versuch, der; *the trial.*
Verteidigung, die; *the defense.*
verteidigen; *to defend.*
Vertrag, der; *the contract.*
verwandt, *related.*
Verwandten, die; *the relations.*
verwunden; *to wund.*
verwundern; *to be astonished.*
verwirklichen; *to realize.*
verzehren; *to eat.*
verzichten; *to resign.*
verzieren; *to adorn.*

verzollen; *to pay duty.*
Verzweiflung, die; *the despair.*
vielleicht; *perhaps.*
vier; *four.*
vierzehn; *fourteen.*
Vierfüssler, der; *the quadruped.*
Visitenkarte, die; *the visiting card.*
Vogel, der; *the bird.*
voll; *full.*
vollenden; *to finish, to accomplish.*
vollkommen; *perfect.*
vollständig; *complete.*
von; *of, from.*
vor; *before.*
Vorabend, der; *the evening before.*
vorbereiten; *to prepare.*
Vorderseite, die; *the front.*

Vorfahren, die; *the ancestors.*
vorgestern; *the day before yesterday.*
vorhaben; *to intend.*
Vorhalle, die; *the hallway.*
vorhanden; *at hand, present.*
Vorhang, der; *the curtain.*
vorhersehen; *to forsee.*
vorhin; *a few minutes ago.*
vornehm; *aristocratic.*
vormittags; *in the forenoon.*
Vorrat, der; *the provision.*
Vorsaal, der; *the lobby.*
vorschlagen; *to propose.*
vorsetzen; *to put before.*
vorsprechen; *to call.*
vorstellen, sich; *to imagine.*
vortragen; *to recite.*
vortrefflich; *excellent.*
Vortritt, der; *the presidency.*
vorziehen; *to prefer.*

wach; *awake.*
Wache, die; *the watch.*
wachsen; *to grow.*
Wagen, der; *the carriage.*
wagen; *to dare.*
Wagenschuppen, der; *the carriage house.*
Wagenstand, der; *the carriage stand.*
wählen; *to choose.*
während; *during.*
Wald, der; *the forest, the woods.*
Wandtafel, die; *the blackboard.*
Wange, die; *the cheek.*

wann; *when.*
Ware, die; *the goods.*
Wärme, die; *the heat.*
Wärmeleiter, der; *the heater.*
warten; *to wait.*
Wartesaal, der; *the waiting room.*
warum? *why?*
was? *what?*
Waschbecken, das; *the washbasin.*
Wäscherin, die; *the washerwoman.*
Waschtisch, der; *the washstand.*
Wasser, das; *the water.*

Wasserflasche, die; *the decanter.*
Wasserkrug, der; *the pitcher.*
weg; *away.*
wegbleiben; *to stay away.*
wegen; *on account of.*
Weggang, der; *the departure.*
weggehen; *to go away.*
wegtragen; *to carry away.*
weiblich; *feminine.*
weich; *soft.*
weigern; *to refuse.*
weil; *because.*
Wein, der; *the wine.*
Weinberg, der; *the vineyard.*
Weinlese, die; *the vintage.*
Weise, die; *the manner.*
weisen; *to show, to direct.*
weiss; *white.*
weit; *far.*
welcher; *which, who.*
Welle, die; *the wave.*
Welt, die; *the world.*
wenden; *to turn.*
wenig; *little, few.*
wenigstens; *at least.*
wenn; *when, if.*
wer? *who?*
werden; *to be, to get, to become.*
werfen; *to throw.*
Werk, das; *the work.*
wert; *worthy.*
Wert, der; *the value.*
Westen, der; *the west.*

Wetter, das; *the weather.*
wichtig; *important.*
wider; *against.*
Widerstand, der; *resistance.*
wieder; *again.*
wiederholen; *to repeat.*
wiederkehren; *to return.*
wiedersehen; *to see again.*
wiegen, sich; *to balance one's self.*
Wildpret, das; *the game.*
Wind, der; *the wind.*
winden; *to wind.*
Winter, der; *the winter.*
Winzer, der; *the vintager.*
wirklich; *really.*
Wirklichkeit, die; *the reality.*
wissen; *to know.*
Witwe, die; *the widow.*
Woche, die; *the week.*
wöchentlich; *weekly.*
Woge, die; *the wave.*
wohnen; *to reside.*
Wohnung, die; *the residence.*
Wohlgeruch, der; *fragrance.*
wohlthätig; *beneficiary.*
Wolke, die; *the cloud.*
wollen; *to wish, to will.*
Wollenware, die; *wool goods.*
worin; *wherein.*
würzen; *to spice.*
wüten; *to rage.*

Z

zählen; *to count.*
zahlreich; *numerous.*
Zahn, der; *the tooth.*

Zaubermacht, die; *magic.*
Zauberstab, der; *the fairy's wand.*

zaudern; *to hesitate.*
zehn; *ten.*
zeichnen; *to draw.*
Zeichnung, die; *the design.*
zeigen; *to show.*
Zeiger, der; *the hand (of a watch).*
Zeile, die; *the line.*
Zeit, die; *the time.*
Zeitung, die; *the newspaper.*
Zeitvertreib, der; *the pastime.*
zerbrechen; *to break.*
zerschneiden; *to cut.*
Zerstreuung, die; *the distraction.*
Zigarre, die; *the cegar.*
ziehen; *to draw.*
Ziffer, die; *the figure.*
Zifferblatt, das; *the dial-plate.*
Zimmer, das; *the room.*
zitieren; *to quote.*
zittern; *to tremble.*
Zofe, die; *the chambermaid.*
Zoll, der; *the duty.*
Zollbeamte, der; *the custom house officer.*
zornig; *angrily.*
zu; *to.*
zubereiten; *to prepare.*
zubringen; *to pass, to spend.*
Zucker, der; *the sugar.*

zufällig; *by chance.*
Zug, der; *the train.*
zugleich; *at the same time.*
zuletzt; *at last.*
zum (zu dem); *to the.*
zumachen; *to shut, to close.*
Zunge, die; *the tongue.*
zur (zu der); *to the.*
zurück; *backwards.*
zurückbehalten; *to retain.*
zurückkehren; *to return.*
zurückkommen; *to come back.*
zurücknehmen; *to take back.*
zurückrufen; *to call back.*
zurückziehen; *to withdraw.*
Zuruf, der; *the call.*
zurufen; *to call.*
Zustand, der; *the condition.*
zutragen; *to happen.*
zuvor; *before.*
zuwider; *against.*
zwanzig; *twenty.*
Zweck, der; *the purpose.*
zwei; *two.*
Zweig, der; *the twig.*
zwicken; *to pinch.*
zwingen; *to force.*
zwischen; *between.*
zwitschern; *to warble.*
zwölf; *twelve.*

www.ingramcontent.com/pod-product-compliance
Lightning Source LLC
Chambersburg PA
CBHW060817190426
43197CB00038B/1863